智读汇

连接更多书与书，书与人，人与人。

全员创利

中国式阿米巴经营

巫兴伦 著

中华工商联合出版社

图书在版编目（CIP）数据

全员创利：中国式阿米巴经营 / 巫兴伦著 . — 北京：中华工商联合出版社，2022.9
ISBN 978-7-5158-3528-0

Ⅰ . ①全… Ⅱ . ①巫… Ⅲ . ①企业管理—研究—中国 Ⅳ . ① F279.23

中国版本图书馆 CIP 数据核字（2022）第 134467 号

全员创利：中国式阿米巴经营

作　　者：	巫兴伦
出 品 人：	李　梁
责任编辑：	吴建新　关山美
装帧设计：	王桂花
责任审读：	郭敬梅
责任印制：	迈致红
出版发行：	中华工商联合出版社有限责任公司
印　　刷：	北京毅峰迅捷印刷有限公司
版　　次：	2022 年 9 月第 1 版
印　　次：	2022 年 9 月第 1 次印刷
开　　本：	710mm×1000mm　1/16
字　　数：	210 千字
印　　张：	16.25
书　　号：	ISBN 978-7-5158-3528-0
定　　价：	68.00 元

服务热线：010-58301130-0（前台）
销售热线：010-58301132（发行部）
　　　　　010-58302977（网络部）
　　　　　010-58302837（馆配部）
　　　　　010-58302813（团购部）
地址邮编：北京市西城区西环广场 A 座 19-20 层，100044
http：//www.chgslcbs.cn
投稿热线：010-58302907（总编室）
投稿邮箱：1621239583@qq.com

工商联版图书
版权所有　侵权必究

凡本社图书出现印装质量问题，请与印务部联系。
联系电话：010-58302915

推荐序一

当前，我们正身处百年未有之大变局中，又遇疫情席卷全球，学习中华传统文化与先进的经营模式是中国企业战胜危机的首选之策。

稻盛和夫是日本经营大师，白手起家创建两家世界500强企业，跨越多次经济危机，从未亏损、从未裁员，并在2010年成功使一度破产的日本航空扭亏为盈，历时两年零八个月重新上市。他的经营哲学和阿米巴模式是值得我们中国企业学习的。稻盛和夫在一次接受中央广播电视总台的采访时说道："从中国两三千年前的，圣人们的思想得到启发，我把中国古圣先贤们的这些哲学思想，还有宗教里优秀的哲学思想，作为我人生中的一个指针。"所以，稻盛和夫的经营思想来自中国的传统文化，他的经营哲学概括为16个字："以心为本，哲学共有，动机至善，私心了无。"

经营企业要以人为本，以心为本，把企业所有人的心变为善心、良心、孝心。心可以生性，成为心性；性可以生命，成为性命；命可以生运，成为命运；运可以生气，成为运气；气可以生色，成为气色；色可以生相，成为相貌。所以，相由心生，相随心变。虽说人心难测，但人心也不可遮蔽，因为人心会在脸上留下痕迹。心的善恶不同，面相的表现也就不同。与其美容，不如美心；与其整容，不如整心。因为，美从善心来，心似莲花开。一颗阴暗的心，托不起一张灿烂的脸。我们学习传统文化与经营哲学的目的，就是要将这颗心变为善心、良心、孝心。离我们最近的善就是孝心，只要把这颗心变好了，变善了，事业就会成功，生活就会幸福，一切都会变得美好！德决定人的命运，善改变人的人生。所谓善心就是无条件地为别人着想之心。如果你帮助别人做点事，要有条件，就不是真善。真善总结来讲就四句话：怜悯之心，关爱之情，体谅的情怀，奉献的精神！

稻盛哲学动机至善、私心了无，就是劝人为善。他的经营哲学改善人心，他独创的阿米巴经营模式，注重培养人的经营能力，采取独立核算，责权下放、全员经营的模式。巫兴伦老师及其团队 12 年专注于研究和推广中国传统文化和中国式阿米巴全员创利模式，并在中国企业落地过程中取得了巨大的成果，希望此书出版能够影响并帮助更多的中国企业，坚定信心、战胜困难、走向成功！

重庆传统文化研究会创会会长
叶贵本
2022 年 5 月 13 日

推荐序二

强大自己是解决问题的最好方法!

疫情之下,中小企业如何生存与发展?我认为稻盛和夫先生独创的阿米巴经营是一套能让中小企业从弱到强,从小到大,最为先进的经营管理模式。巫兴伦老师及团队致力于阿米巴经营的深入研究与实战落地,对中小企业的帮助非常大。

我与巫兴伦老师结缘是在上海共同参加学习的课堂上,课后聆听了巫兴伦老师分享的阿米巴经营与稻盛哲学,立马深深吸引了我。我邀请巫老师对摩天之星的中高层团队进行了阿米巴经营的培训。我觉得不仅摩天之星需要导入阿米巴经营,更多的中小企业也需要阿米巴经营来提升经营管理能力,实现做强做大的梦想。于是,我们与巫兴伦老师及团队深入合作,共同传播阿米巴经营。2019年至2021年,摩天之星举办阿米巴培训课程超过100场,培训企业超过1万家,深入落地辅导的企业超过300家,巫兴伦老师及团队对企业落地的实效性,获得了企业家的高度认可,帮助企业不同程度提升了利润,提高了经营管理水平。

2022年初拿到这本《全员创利——中国式阿米巴经营》的书稿,仔细读来收获非常多。里面不仅讲到世界500强的阿米巴经营模式,还有众多中小企业落地阿米巴的实战案例。不仅有哲学体系,还有实学体系。书中讲到的阿米巴哲学共有六大会议：三有早会、员工大讲堂、业绩分析会、竞聘大会、空巴、表彰会。以及阿米巴组织划分、内部定价、核算报表、全面薪酬的实学体系。

我认为，中小企业如果能够学习并运用以上内容，必定能够激活全员的经营意识，实现利润倍增。期待巫老师及团队能够在传播与落地阿米巴经营的道路上取得更大的成功，并将阿米巴经营中国化，持续深入帮助中小企业落地阿米巴，助力中国企业管理转型升级，为中国经济的可持续发展贡献一股正能量！

深圳市摩天之星企业管理有限公司董事长

李厚德

2022 年 6 月 3 日

自　序

稻盛和夫先生独创的阿米巴经营成就了京瓷和 KDDI 两家世界 500 强企业，并在 2010 年仅用半年时间使破产重建的日本航空奇迹般地扭亏为盈。

十年前，我看到中央电视台采访稻盛和夫先生的视频时，眼前一亮。我一直在寻找一套先进的经营管理模式，能够帮助中小企业稳健经营，远离倒闭。知道稻盛先生愿意将自己的经营哲学与阿米巴经营公之于众，我立刻申请加入了盛和塾开始认真学习，深入稻盛和夫创办的企业——京瓷集团，研究阿米巴经营。有一次在杭州学习时，一位上市公司董事长，也是稻盛先生的学生，上台分享说："阿米巴模式虽好，但需要更多的有志之士和有识之士，来共同践行与传播！"我当即产生了一个想法，我能不能去从事阿米巴的推广传播工作呢？后来有一次在盛和塾的空巴会议上，我向稻盛先生敬酒时说："希望把阿米巴经营在中国传播开来，帮助更多的中小企业远离倒闭！"稻盛先生站起身来，与我握手。我感觉到稻盛先生的手温暖有力，仿佛他的能量瞬间传给了我一样。当时，我在心里暗暗下了个决心："这辈子我就干阿米巴传播和落地这一件事了！"从那以后，我平均每月最少要开一期阿米巴经营方案班，我亲自去辅导了一百多家企业成功落地阿米巴经营。在这期间，我发现阿米巴经营在中国落地，特别是在中小企业落地，需要结合每个企业的实际情况，量身定制落地方案与路径。所以，我和团队根据我们 12 年来帮助的数百家企业落地阿米巴经营的经验，总结出一套"全员创利——中国式阿米巴经营"。我们结合了中国企业的实际情况与特点来推行阿米巴经营！旨在帮助企业以最低的成本、最适合的方案、最快的速度，达到最好的效果！

　　从2016年开始，我们一直想出一本实战落地阿米巴经营的书，以此来帮助中小企业在落地阿米巴经营的路上，少走弯路、少踩坑。但是苦于工作繁忙，时间紧张，一直没有落实。直到2021年初，在我们团队内部的一次空巴会议上，我和团队顾问老师说："希望在今年写出一本关于阿米巴经营实战落地的书，以此来帮助更多的人了解如何落地阿米巴经营。"获得了团队的高度认可与支持。于是，我在团队顾问老师的帮助与支持下，在2022年初完成了本书的初稿。在此，特别感谢我们团队的黄海明老师、张志金老师、何明旺老师、周祥老师为本书提供了资料及案例。

　　因为，时间与经验有限，如有不足之处欢迎各界人士批评指正。希望本书能够为企业在落地阿米巴经营的路上，提供一些参考与帮助。

巫兴伦

2022年6月6日

Contents 目录

第一章 传统企业的四大痛点

痛点一：老板像超人，但是很累的"超人" / 003

痛点二："部门墙，推责任"现象极其严重 / 007

痛点三：98%以上的员工不关心企业的利润 / 010

痛点四：传统企业不转型等死，转型却将自己折腾至死 / 014

第二章 从阿米巴经营到全员创利模式

什么是阿米巴经营 / 019

从海尔和韩都衣舍看阿米巴在中国的创新 / 024

从阿米巴到全员创利模式 / 033

第三章 全员创利模式的五个"不是"

全员创利模式是股份制吗？——不是 / 043

全员创利模式是承包制吗？——不是 / 047

全员创利模式是事业部吗？——不是 / 051

全员创利模式是预算制吗？——不是 / 055

全员创利模式是管理吗？——不是 / 058

4 第四章 薪酬改革

薪酬改革的"三板斧" / 066
鼓励内部创业的薪酬体系可实现双赢 / 080
薪酬改革既要有个人目标，又要有团队目标 / 083
全面薪酬改革，逆势增长 / 086

5 第五章 组织划分

组织划分的两大类型 / 096
组织划分的四个原则 / 101
组织划分方案 / 104
小组织迈向成功的三大保障 / 112

6 第六章 独立核算

什么是独立核算 / 125
全员创利模式的七种独立核算方法 / 129
独立核算的经营会计制度 / 136

7 第七章 内部定价

两种极简内部定价法 / 145
内部定价四步法 / 149
内部定价四大原则 / 151

8 第八章
坚守利润

定义经营的人才，人人成为经营者 / 161
业绩分析与利润提升 / 163
坚守利润的"杀手锏"：单位时间附加值 / 172

9 第九章
哲学共有

哲学共有的三大目的 / 186
哲学共有的三个层次 / 190
哲学共有的两个"六" / 193
哲学共有落地六步曲 / 207

10 第十章
落地案例

福志达：后疫情时代突出重围，青春再燃 / 221
欣旺：逆境中崛起的奥秘 / 230

CHAPTER 1

第一章

传统企业的四大痛点

近些年来,国内外许多企业都受到了疫情等因素的冲击和影响,部分传统企业的经营管理模式已经让一些企业举步维艰,甚至难以为继。

为什么存在这样的问题呢?归结起来,中国民营企业在以往四十年来尽管有发展但底子较薄,管理缺乏精细化、精准化,此外,在经营管理上还面临着四大痛点:一、金字塔管理模式,老板像超人,但是很累的"超人";二、"部门墙,推责任"现象极其严重;三、98%的员工不关心企业利润的问题;四、传统企业不转型等死,转型却将企业折腾至死。

如何成功破解这四大痛点?让企业从泥沼中走出来,走向光明的未来,这是本章要重点思考的内容,也是本书的核心内容——帮助传统企业实现中国式阿米巴落地、实现全员创利。

第一章
传统企业的四大痛点

痛点一：老板像超人，但是很累的"超人"

老板是最能干也是最操心的一个，所有人都是他的助手，所有人都要按照他的思路去做，其他员工都是"机器人"，只是按部就班地工作。他们能赚到钱，但结局是赚到财富却失去了时间，透支了身体和健康，那么赚取财富的意义又在哪里呢？

做企业培训和阿米巴经营方案咨询服务十多年来，我看到我国企业管理理论与西方国家相比，虽然起步晚，但劲头足，发展快。改革开放四十多年，走完了西方企业管理三四百年的发展历程。各种管理理念、工具方法，在企业经营管理中所产生的知识大爆炸的效应，直接推动了我国企业发展。这种发展和变化，从我国企业"世界500强排行榜"的变迁史上得到了直观的体现。2003年，仅有11家中国企业入选"世界500强"。此后，入选的中国企业数量快速增长，2020年达到122家，同美国持平；2021年达到132家，位居第一。

但与此同时，时代发展更像一辆快车，城乡的人口结构，人们的生活方式和消费习惯发生了很大的变化，这些变化倒逼企业经营管理变革，你的产品、你的服务在过去做得再好，如果跟不上时代变化，都会被新一代消费者抛弃。适者生存的自然法则，在企业管理界依然是通用法则。反应迟钝的企业，即使曾经多么辉煌，也逃离不了光环渐渐褪色，成为人们口中"传统企业"的命运。

传统企业面临的第一个待解决的核心问题叫作金字塔式的科层制管理架构。企业内部的资源过度集中在顶层，也就是集中在企业老板的手上，这会产生很多的管理问题，比如：战略如何落地？实行各种目标所需要的资源如何调动？责、权、利如何界定？传统企业管理问题之痛，最直观的现象，几乎每天都可以看到，那就是老板在公司时，员工工作起来都很认真，而当老板不在时，员工就都放松了，甚至会消极怠工等。

我们来看一个案例——张老板的"苦恼"。

张老板公司有个业务员叫小张，有一天他接了一个120万元的大客户订单，对方先打60万元的定金过来，收货以后再付另外60万元。

小张与客户商量好，第二天下午五点准时发货。然而还没等到第二天下午，小张在晚上九点突然接到客户的电话，客户说："小张啊，你不要明天再发货了，今天晚上你就连夜帮我发货吧。"

小张连忙问："为什么？"

客户解释说："我查看了天气预报，从你们那边到我这里的途中会下大雪，到时候高速公路不好走，所以你连夜帮我发货吧。"

客户说得合情合理，一般遇到这类问题也都能理解和支持。不过小张要连夜发货需要仓库等后勤部门的配合。

可是天寒地冻的，晚上九点接到要去加班的电话，仓库等后勤部门的人员很不开心，没有人想去公司加班。所有人用"已经安排好了明天发货"为由拒绝了小张，挂掉了电话。小张没有办法，只好给老板打电话。张老板当时正在陪孩子学习，接到电话后，只能中断陪伴，亲自给仓库打电话让其发货。

最后，仓库是连夜给客户发货了，但孩子因父亲未遵守诺言陪他一起学习，在家庭亲子关系中，留下了减分的负面影响。

为什么张老板指挥得动仓库人员，而作为业务人员的小张却指挥不动仓库人员？因为张老板是所有人的上级，所有员工都只听他的，企业完全离不开他。用这种架构来管理企业的老板像"超人"，但却并不像电影中的超人那么潇洒，而是活得非常累。

张老板为什么累？这是因为他的公司是典型的金字塔式的科层制管理架构。在这种组织架构下，企业老板就是靠自己的能力与精力在支撑企业运转，当企业规模小的时候老板还能支撑得住，一旦规模做大就承受不住了，老板就会力不从心，身心俱疲。有的老板甚至会因为一次生病或摔跤而不得不直接关闭公司。无论哪种结局，都是因为企业全部在依赖老板一个人，这就是金字塔式的科层制管理架构的弊端。

我还发现一个值得注意的现象：有很大一部分小微企业，还处于"个体户老板"阶段的管理模式。这样的老板是最能干也是最操心的一个，所有人都是他的助手，所有人都要按照他的思路去做，其他员工都是"机器人"，只是在按部就班地工作。个体户式老板仍是"超人"模式，"超人"思维。无论最终是赚取了300万元还是3000万元的财富，只要你的组织架构还是金字塔式集权制的结构，企业就不是靠组织和系统在驱动，而是靠老板个人的能力和精力在驱动，最终老板的结局是赚取到财富却失去了时间，透支了身体和健康，那么赚取财富的意义又在哪里呢？

近年来，老板或企业高管英年早逝的悲剧不断上演：2004年11月，38岁的浙江均瑶集团董事长王均瑶患肠癌逝世；2005年9月，38岁的网易首席执行官孙德棣猝死；2006年1月，37岁的上海中发电气（集团）有限公司董事长南民患急性脑血栓逝世。众多悲剧向企业高管敲响了"健康"的警钟，这警钟背后的健康危机，很多是管理模式不当导致老板或高管过度劳累而产生的。

解决之道是企业老板只需抓住最核心的命脉，最核心的权力，最核心的一些内容，其他的一些事务全部放权给下面的员工，做到大事儿自己掌控，小事儿全部授权，将企业的责权利进行合理的设计，由管理型组织升级为服务型组织，让员工在公司实现内部创业。只要把机制构建好，老板就能实现离场管理，即使离开公司企业照样能自动运转，这样就能够实现既有丰厚收益又有充足时间的目标。

企业家和个体户的最大区别在哪里呢？

如果说个体户老板是企业的天花板，那么企业家老板就是企业的地板。个体户离开老板就无法正常运行，而企业家则是通过一套机制的设计，让员工在公司实现内部创业，让员工为自己干，让员工自主经营、独立核算、多劳多得。这样的组织结构和管理模式，才能适应企业规模化发展，驶上"中国500强公司"甚至"世界500强公司"的快车道。

痛点二:"部门墙,推责任"现象极其严重

> 产生"部门墙"的核心原因,是因为企业的管理不系统,流程不顺畅,每个部门都是独立对上负责,而不是对市场负责、对客户负责,从而导致企业管理异常混乱。

传统企业的第二个痛点是"部门墙、推责任"的现象,而且极其严重,因此产生的系列问题层出不穷。很多企业项目最后"死"掉,就"死"在这样的"窝里斗"中。有一些企业最后倒闭,病根也在这里,但等发现想抢救企业时,已经病入膏肓,为时晚矣。

所谓的"部门墙",指在企业内部阻碍各部门、员工之间信息传递、工作交流的一种无形的"墙",主要表现在企业组织结构臃肿,各部门、科室,各层级之间的管理职能交叉过深,造成企业内部管理混乱。企业中的"部门墙"分为两种形式:企业内部部门之间的"部门墙"和员工之间的"部门墙"。

其一,部门之间的"部门墙"具体表现为:各部门在企业中形成了一个个独立系统,部门之间画地为牢,部门利益高于企业利益。

其二,员工之间的"部门墙"具体表现为:员工之间缺乏交流、互不信任、思想不能及时跟上公司的发展步伐,导致工作效率低下、互相推卸责任。

其实每个企业都存在"部门墙",尤其是大型企业。企业发展初期或规模较小的时候,在管理和组织架构上非常简单,企业中的每个人都在为公司

发展壮大竭尽全力。这个时候是企业利益远远大于个人利益。人员少，部门构成简单，使得企业的信息能够充分共享，企业的执行效率就会非常高。此时"部门墙"的现象尚未凸显出来。但当企业规模逐步扩大时，企业中的业务也变得越来越复杂，人员也在不断扩充，组织越来越庞大，流程也会随之产生很大的变化。由于这时的企业管理水平尚未跟上企业发展的需要，就会导致部门之间的职责划分不清，出现很多职责空白地带，同时员工的利益重心逐渐由整个企业向单一部门过渡，于是推诿扯皮的现象也就越来越严重，从而导致部门间的距离越来越远，"部门墙"现象越来越明显。

那么，什么是"推责任"呢？举例说明。

> 某企业的老板总向人抱怨说，他们的销售部经常投诉生产部，指责生产部不关心客户，总是无视客户的需求或者拖延生产工期，导致失去了不少老客户。生产部反过来投诉业务部，说业务部完全不考虑生产部的情况，比如原本说好要20台机器，生产部辛辛苦苦做出来，结果又改成只要10台机器了，多出的10台就要重新包装放回仓库，完全不考虑这中间付出的人力、物力和时间成本。

两个部门之间扯皮，互相推责任。这种"部门墙"架构的结局就是部门与部门、员工与员工之间互相推卸责任，严重影响日常的工作效率。

产生"部门墙"的核心原因，是因为企业的管理不系统，流程不顺畅，每个部门都是独立对上负责，而不是对市场负责、对客户负责，从而导致企业管理异常混乱。解决这个问题的不二法门就是推进组织变革，更新观念和思维模式，并进行流程重组，改变企业组织架构和经营管理模式，这样才能彻底击破"部门墙"。

员工是企业生存的根本，企业对人员的管理必须注重"以人为本"的思想，要帮助员工打破"员工墙"，解决员工之间缺乏交流，对个人利益过度关注和维护的问题，只有一个办法，从人员管理和组织结构两方面变革，全员创利，所有部门围绕客户的需求运转，而不是围着上级运转，只有这样才能解决"部门墙"的问题。

痛点三：98%以上的员工不关心企业的利润

如果员工不关心公司收入和利润，人越多，企业的内耗就越大。

一个背负着巨大内耗压力的企业，注定无法走远。

传统企业面临的第三个待解决的痛点问题是：98%的员工不关心企业的利润。

企业中的营销人员或业务人员的工资结构一般是底薪加业绩提成，在这种的情况下，销售人员往往喜欢以最低价去销售产品，因为好卖量大、容易成交。而与之相反的是，诸如差旅费、广告费、参展费、折扣费、送礼费等这些费用，销售人员往往更喜欢以最高的标准去花费。

有一家经销化妆品的贸易公司，他们从工厂拿到化妆品，再销售给美容院。公司为了提高业绩，准备做一次大型的招商会。在策划招商会的时候，为了提高员工的积极性，让美容院的老板们来参加招商会，以便推动公司的业绩增长，于是公司为员工制定了一项奖励制度。

其中一项是按邀约给奖励提成，员工每邀约到一个老板来参加招商会，就有200元的邀约提成。

招商会原计划邀请的上限是150人，结果员工一听说每邀约一个人有200元的提成，就和美容院的老板说，可以把老板的家人都带过来，把老板公司的店长、经理之类的都带过来学习一下，旅游一下，可以报销差旅费、食宿费等各种费用。

于是，原计划150人的活动，最终到场450人，原定的酒店容纳不下，只好又换了一个更大的五星级酒店和更大的会场。再加上各种促销政策，一场活动下来，员工赚了很多提成，客户也很满意，可最后公司却亏了几十万元。

这家贸易公司的痛点，其实是机制出了错。机制的设计非常考验老板的智慧。机制没有设计好，就会导致所有员工都往错误的方向努力，变成了员工越努力，老板亏损越严重的现象。这就是底薪加提成所带来的弊端，员工只关心工资，不关心利润；生产部只关心数量，不关心质量，不关心材料损耗。这也是为什么企业小的时候利润率高，企业做大了利润率反而下降的主要原因。

我们都知道，企业经营管理有四种境界，一是先算后干，二是边算边干，三是先干后算，四是只干不算。我们分别来看看各种不同境界的具体情况。

先算后干

这是企业经营管理的最高境界，叫"先算赢，后干赢，方能绝对赢"。干之前就已经做好了规划，已经做好了预算，业绩、费用、利润各占多少，每年年底要做好第二年的经营计划，每个季末做好下一季度的经营计划，每个月末做好下个月的经营计划。

边算边干

很多企业还没有达到"边算边干"的境界，基本都是在每个月结束时进行核算，而边算边干是在当天结束马上就能知道当天的部门利润，用部门利润数据来指导和激励员工第二天的工作。

先干后算

大多数企业其实处于"先干后算"的境界，这个月干完，下个月中旬就能把上个月的利润算出来，而且能够体现在整个公司的账上。

只干不算

还有一少部分企业停留在"只干不算"的阶段。什么叫只干不算？我们再来看案例。

2018年春节期间，一家企业的老板发现公司账上的几百万元资金不翼而飞。最初，老板怀疑可能是都被财务挪走了。转念一想，如果没有出纳，财务怎么拿得走这笔钱，于是又怀疑财务和出纳串通起来将资金挪走了。

于是，老板请人上门来仔细调查，还专门请了做金融财务合作的老师帮他做盘点，把公司2017年全年的账拿出来一笔一笔的检查，一笔一笔的核对，结果两天两夜核对下来，得出的结论是钱根本就不是财务或出纳挪走的，而是这个老板做企业做了二十多年，一直都是"只干不算"的结果。

这么多年来老板的观念一直是，做工程就是做工程，公司每年的利润在6%~10%，赚得好有10%，赚得不好也有6%，从不关心具体的数据，也不管应收账款的变化，更不管库存资产的变化，只关注账面上钱的变化。比如年初时有1000万元，到了年底有1800万元，那么他就认为今年赚了800万元。

结果2017年竞争已经越来越激烈的时候，公司60%以上的订单毛利润不超过5%。5%做出来肯定是亏损的，到了年底公司账上自然就没有多少钱了。

调查的数据、证据和结论一拿出来，老板才恍然大悟，怀疑财务把钱拿走了完全是一场误会。

以前生意好做，粗放式管理的时代，"只干不算"可能行得通，今天企业的经营已经处于竞争激烈的时代，所有的企业要想参与竞争，要想打硬仗，就必须要把账算清楚，只有这样你的企业才有竞争力，才能打赢这场仗。

所有的企业都会面对两个字——竞争。企业之间竞争，最厉害的能力是全员参与经营、全员关心公司收入和利润的能力。否则，人员越多，你企业的内耗就越大。一个背负着巨大内耗压力的企业，注定无法走远。即使老板个人有"超人"般的能力和热情，也只能独自神伤。

痛点四：传统企业不转型等死，转型却将自己折腾至死

随着时代的变化，今天，传统企业老板现在最关心的问题是两个字——"转型"，最令他们头疼的问题仍是这两个字——"转型"。

传统企业面临的第四个待解决的痛点问题是，不转型等死，转型却将自己的企业折腾至死。甚至有人说，99%的传统企业转型都会失败甚至死掉。

也许有人会问，传统企业为什么要转型呢？既然企业能经营几十年，照原来那样经营下去不就行了吗？时代变了，人们的消费模式变了，客户的需求也发生了变化，原来的经营方式在失灵，甚至有一些不只失灵，而是失效了。十几年前，大家电脑杀毒就用瑞星、金山等杀毒软件，后来360软件以免费的模式杀入杀毒市场，瑞星、金山等杀毒软件收费的商业模式便受到了很大冲击。

我们再来看一个身边的案例。

做数控机床贸易的R先生，手下有十几名销售人员，以前员工每天打200个电话，一个月下来会找50个左右的意向客户。有了意向客户后，在老板的带领下，整个销售部的人找熟人、拉关系，最后每个月能成交十几个客户，公司每年能做五六千万元的业务。到2010年，这种模式不行了。电话销售和跑关系的业务收入，还不及

员工的成本，入不敷出。

R先生在朋友的建议下，转行卖手机，先开了一家线下手机商城，结果商城十分冷清，几乎没有客流量。于是，又在朋友的建议下，开发网上手机商城，投入将近一千万元，结果不到一年，手机商城倒闭，还牵连到线下手机商城关门歇业。

R先生转型失败的主要原因是，他对手机商城美工的理解就是花2000元拍一些手机图片，再用PS美化一下上传到店铺中就够了。事实上，这远远不够。同时，他也不懂手机商城的流量经营模式，用的还是电话邀约，而且，邀约的时候没有新鲜的内容可以吸引到潜在客户进店，他的团队也无法生产吸引人的优质内容。R先生虽然穿上了新鞋，但走的还是老路，所以到达不了新的目的地。

随着时代的变化，今天，传统企业老板最关心的问题就是两个字——"转型"，最令他们头疼的问题仍是这两个字——"转型"。

为什么这些曾经凭自己的胆识和智慧，冲突重重压力成功创业的老板们这么难呢？

首要的问题是外部环境变化太快，技术革新、原料采购、周转、库存、渠道贡献、经销商合作等方方面面都发生了天覆地翻的变化。原来某公司可能是你的原料供应商，现如今却变成你间接的竞争对手了。

其次，从企业内部来看，大多数传统企业组织架构陈旧，管理层思想陈旧，各种利益关系错综复杂等，各种问题长期积压，迭加起来所形成的思维惯性，让员工与下属大多不愿承担试错的责任。当时代列车呼啸而来，你上车不上车？你不上车，注定淘汰。上车，往往因为准备不足导致上错车，这就直接导致传统企业不转型等死，转型却将自己的企业折腾至死的尴尬局面。

本章思考
THINKING IN THIS CHAPTER

1. 张老板的"苦恼"是什么？他的苦恼你也有吗？

2. 为什么 98% 以上的员工不关心企业的利润？

CHAPTER 2

第二章

从阿米巴经营到全员创利模式

什么是阿米巴？阿米巴原本是一种单细胞生物——变形虫，音译为"阿米巴"，属原生动物，主要生活在清水池塘或在水流缓慢、藻类较多的浅水中，以至一般泥土也可见到，亦可寄生在其他生物体内。由于变形虫的身体由一个细胞组成，没有固定的外形，可以任意改变外形，因此得名。

而像"阿米巴"这样的一个经营模式，它的特点就是小而灵活，可以随着外界环境的改变而随意改变体型。

本章核心内容包括：什么是阿米巴经营，从阿米巴经营到全员创利模式，经历了怎么样的中国本土化实路，以及全员创利模式落地七步骤等。

什么是阿米巴经营

> 所谓阿米巴经营，就是使员工对待企业从保姆心态变成亲生母亲的心态。保姆心态就是员工将工作只当成职业，而亲生母亲的心态是将工作当成一份事业。

阿米巴本是自然界的单细胞动物。在企业经营管理中，所谓阿米巴经营，就是使员工对待企业从保姆心态变成亲生母亲的心态。保姆心态就是员工将工作只当成职业，而亲生母亲的心态是将工作当成一份事业。因为亲生母亲可以用生命去呵护孩子的健康成长。

阿米巴经营模式是日本企业家稻盛和夫最先提出来的，他也用大半生在践行这样的经营管理理念。而最初的灵感，实际上来自中国神话故事中的孙悟空。据稻盛和夫回忆，当时，他要管理有一百多名员工的企业，既要管技术又要管营销，他感到身心疲惫。他特别需要找到一个得力的副手来帮他管理团队。然而，因为要管理下面的一百多人，对这个副手的领导力、组织能力和沟通能力的要求非常高，因此，他一时很难找到合适的人选。

随着企业的发展，他感觉到自己越来越力不从心。正在苦恼之余，他看了中国电视剧《西游记》，孙悟空大闹天宫时，眼见打不赢，于是便拔出一根汗毛轻轻一吹，汗毛立刻变出很多孙悟空……于是，他立刻就想，如果也能像孙悟空一样，只需要把自己的"汗毛"轻轻一吹，就能变成很多个"稻盛和夫"，只要下命令你去管营销，你去管生产，你去管理技术，那该有多好。

孙悟空毕竟是神话故事啊。现实中的难题怎么解决呢？他又想到，虽然很难找到第二个"稻盛和夫"，但是公司有很多部门，何不就把组织分小，分成若干个小组，交由不同的主管去负责经营和管理。与此同时，每个小组进行独立核算，让他们像一家中小企业一样自主经营，自己管理自己。这不也就实现了孙悟空吹"汗毛"变分身的效果吗？

阿米巴的核心思想是中国神话故事与管理实践相结合的智慧。稻盛和夫从孙悟空的分身术里找到灵感，将企业这个大集体看成孙悟空，划分出来的若干小集体、小组织，便是吹"汗毛"变出来的孙悟空。每个小集体、小组织都由一名像孙悟空一样能力超群的主管经营，从自负盈亏的经营者角度去思考问题，去努力创造利润。各个小集体、小组织不亏本，有钱赚，企业就像海纳百川，赚钱盈利水涨船高。

因为孙悟空72变过于富有神话色彩，稻盛和夫没有将这种新型的经营管理模式命名为"孙悟空经营模式"，而是从自然界的阿米巴虫身上得到启发，命名为"阿米巴经营模式"。

阿米巴经营模式的基本做法是将企业划分为小集体、小组织，核心是自行制订计划，独立核算，让小组织中的每一人成员成为主角、主人公，全员参与经营，人人都用老板思维工作，依靠全体智慧达成经营目标。从阿米巴在企业的组织结构（如图2-1所示）可以得知，每个阿米巴独立经营，都有经营者、销售额、成本核算和利润，而且是透明的，大家都知道小组织内的工作任务、时间附加价值，以及盈亏状况和现状，从而起到更好的激励作用。

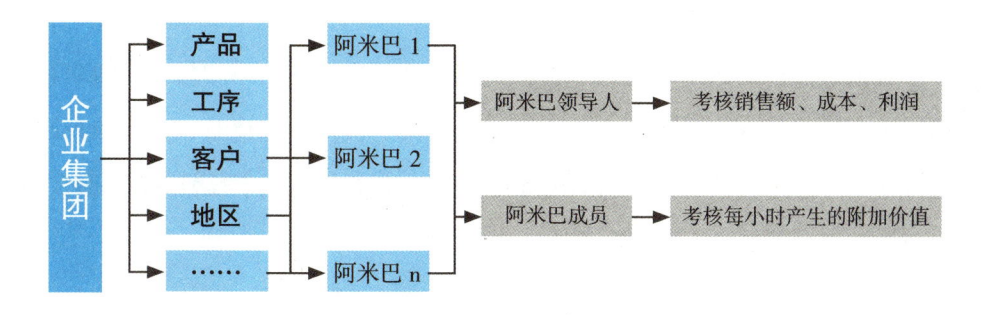

第二章
从阿米巴经营到全员创利模式

图 2-1 阿米巴经营模式的组织结构

稻盛和夫在京瓷集团导入阿米巴模式之前，销售费用率在 30% 左右，利润率一直在 20% 左右徘徊。导入阿米巴模式之后，销售费用下降到 20% 以下，而利润率则上升到 30% 以上。这就是京瓷集团 1960 年至 1969 年九年时间的变化。

而今天的京瓷集团，因为全面落实践行阿米巴经营模式，已经发展成为集原材料、零部件、设备、机器、网络等各个领域的一家综合集团企业，其产品设计线包含汽车零部件、半导体、电子元器件、信息通信、办公文档、生活环保等。阿米巴经营模式不但成为京瓷集团的立足根本和价值，也助推京瓷集团迈入世界财富 500 强公司之列。

稻盛和夫确定的阿米巴模式，其经营理念是——追求全体员工物质和精神两方面的幸福，并为社会做出较大的贡献。这也是他成功缔造两家世界财富 500 强企业的奥秘。京瓷集团运行非常稳健后，稻盛和夫于他 52 岁那年，又创办了第二大电信 KDDI 公司（原名 DDI，现名 KDDI），在日本为仅次于 NTT。

2010 年，稻盛和夫于 78 岁高龄出山，挽救了申请破产保护的日本航空公司。而他用的模式，仍是他几十年来一直在践行的阿米巴经营模式。

事情经过是这样的：

日航破产以后，当时的日本首相再三邀请稻盛和夫出手相救，前两次稻盛和夫都婉言相拒了。人们常说事不过三，第三次接到邀请时，稻盛和夫回答说他要考虑一个星期。最后，稻盛和夫决定出任日航的董事长兼总裁。那么，日航为什么会破产，它究竟得了什么"病"呢？

日航的企业症状：

（1）日本国家政府扶持，却也因此沦为日本政客的玩物；

（2）集团上下共有八个工会，飞行员的收入早已超过 3000 万日元，却仍有层出不穷的加薪投诉；

（3）2006 年，与日本的本佳速航空公司合并，导致组织机构过度膨胀，更引发了严重的财政赤字；

（4）企划部门决定公司战略，营业部门制订计划赚取利润；

（5）航运、客舱、机场、整备等，在破产之前，日航的这些部门就像一盘散沙，毫无组织纪律。企业和人一样，也会有生老病死。根据上述企业症状，日航先前的经营者所做的一系列举措终究都是治标不治本，日常的运营也陷入了恶性循环。

在破产以前，日航的中基层员工形同一盘散沙，组织纪律涣散，没有责任心，没有主动精神，所以员工在工作时就很难达成公司的年度目标，甚至曾导致每天亏损一个亿的情况。

"破产的日航就像一头得了癌症、病入膏肓的'大象'。"这是稻盛和夫初到日航时的感受。

稻盛和夫来到日航时并没有带自己的大部队，而只是带了自己的两个老部下，后来在日航担任董事长助理兼财务部总监的森田直行，以及专门推行经营哲学的大田嘉仁。

第二章
从阿米巴经营到全员创利模式

大田嘉仁首先做了一个调研,他发现日航虽然破产了,但这里的员工丝毫不着急、不在意,好像日航破产和他们没什么关系。日航是民营企业,然而这里的员工看起来却像一群国有企业的员工。为了把这些员工改造成真正有价值、有用的人才,大田做了一个培训计划,对员工进行思想教育,也就是思想上的改造。

培训完成后,日航员工的状态发生了非常大的转变,这从下面的案例可见一斑:

东京羽田航空港,一场大雨延误了飞机的到港时间,由于运输不慎,乘客的行李沾上了雨水,令人十分郁闷。这时,让人惊奇的一幕出现了,日航的员工居然跪在地上给乘客擦行李!在此之前,这是根本无法想象的。

2010年11月,稻盛和夫到访中国,时任海尔集团总裁的杨绵绵请教他,为什么他上任不到一年,日航有如此大的转变?

稻盛和夫的回答非常朴实,他说:"并没有用什么特别的方法,就是到现场去走访,给干部、员工开会讲课,用'敬天爱人'的哲学重建日航的文化。"

稻盛和夫力挽狂澜,将日航大幅扭亏为盈,用了不到半年的时间。稻盛和夫在日航推行了阿米巴哲学共有、独立核算、业绩分析会议等。此后,他还帮助日航创造了空前高的高利润:第一年让日航的营业利润达到了1884亿日元,13.8%的利润率;第二年的利润再次提升,营业利润达到了2049亿日元,达到了17%的利润率。

日航,在阿米巴经营模式下再度复活、腾飞。

从海尔和韩都衣舍看阿米巴在中国的创新

海尔和韩都衣舍的成功，说明经营模式的变革是横亘在企业转型发展面前的一道坎，谁先越过去，谁就将主导自己的未来。

在第一章里我们描述了中国传统企业的四大痛点。在这样的大背景下，中国的企业家们，一直在寻找解决方案。于是我们看到了海尔、韩都衣舍等将阿米巴模式成功落地中国的先行者，而且它们都进行了本土化的创新。

海尔：从"人单合一"到创客模式

海尔集团创立于1984年，目前是全球大型家电第一品牌。它首次进入公众视野，是张瑞敏抡起大锤砸不合格的冰箱。再次引起管理者关注并引发对其模式持久研究的是"人单合一"模式。在海尔，"人单合一"中的"人"指的是员工，"单"指的是客户，"人单合一"就是把员工和客户连到一起，先将企业目标分解到各个订单上，再将各个订单所承载的责任以分订单的形式分发下去，由员工对各自的订单负责。管理部门通过评价各个订单的完成情况对员工进行绩效考评。

2005年，海尔首次提出"人单合一"模式，意在解决国际市场竞争所带来的日益严重的库存问题、生产成本问题和应收账款问题。然而，经过长时间探索，此一模式在海尔演变成全新的管理体系，其核心的驱动力是组织创新，将过去的扁平化组织，变成动态的网状组织（如图 2-2 所示）。

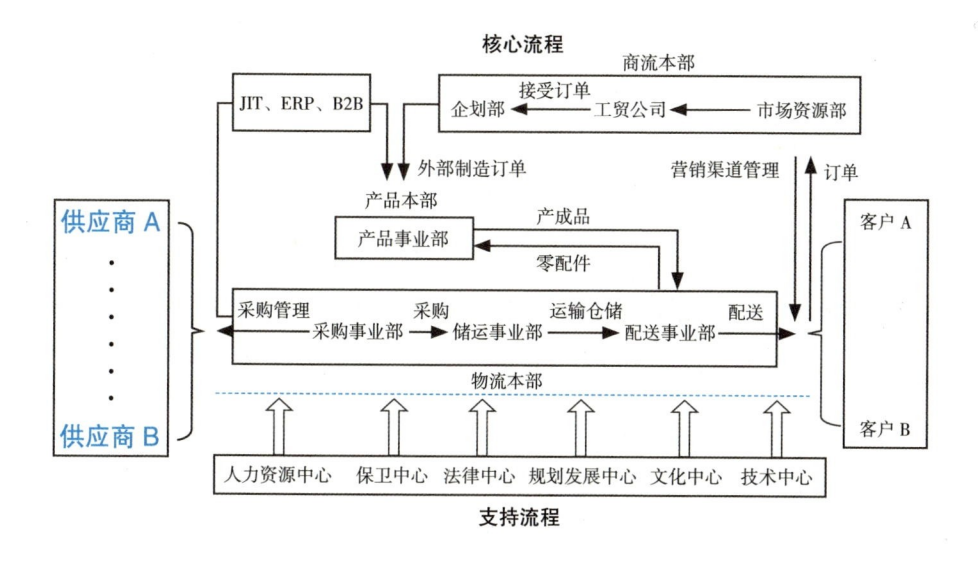

图 2-2 海尔组织变革的动态网状组织示意图

在网状组织中，海尔的数万名员工变成了 2000 多个自主经营体。自主经营体是"人单合一"模式下企业的基本创新单元。自主经营体与合作方、交互用户共同组成价值共创、风险共担、按单聚散的虚拟组织，海尔称之为利益共同体。

"我的用户我创造，我的增值我分享。"这是海尔"人单合一"模式的本质。换句话说，员工有权根据市场的变化自主决策，员工有权根据为用户创造的价值自己决定收入。

"人单合一"模式取得成功，得益于每个自主经营体的"三张表"，它们分别是损益表、日清表和人单酬表。

损益表

海尔的损益表和传统的财务报表不同。传统财务报表的损益表，就是收入减成本、减费用，等于利润。海尔的损益表则是全新的理念，在得出传统财务报表中的收入的基础上，再核算激发全员活力的"益"和"损"。因此，我们看到"人单合一"的损益表中，重点是通过做自主经营体、为用户创造价值而获得的收入（"益"）。传统收入和"益"之间的差，就是"损"，也就是那些不是通过做自主经营体而获得的收入都不能算数，因为这些数不一定为用户创造了价值，是不可持续的。"损"就是当前工作的差距。减少差距的主要内容是创新平台、创新流程、创新机制，把这些创新的工作形成每天的预算，每天进行日清，于是也就有了第二张表：日清表。

日清表

在"人单合一"模式下，海尔的每一位员工每天都要根据"当天的工作当天完成，今天的工作一定要比昨天提高"的指导原则，不断地找出工作中的不足与失误，总结经验教训，以便日后更好地工作。这就是"日清工作法"，即"日事日清，日清日高"（如表2-1所示）。

表2-1　海尔日清表示例

	序号	时间区域	今日计划事项	完成情况
本日计划完成情况	1			
	2			
	3			
	4			
	5			
	6			
	7			
	8			

续表

本日临时事项	9							
	10							
	1							
	2							
	3							
	4							
	5							
	6							
	7							
	8							
感悟								
明日工作计划	序号	时间区域	工作计划	GS	月计划	日常	其他	
	1							
	2							
	3							
	4							
	5							
	6							
	7							
	8							
	9							
	10							
需协调的事项	序号	协调人			协调事项			
	1							
	2							
	3							

人单酬表

要想调动每个员工为用户创造价值的积极性，光有日清表还不行，还得有机制来保障，这就是第三张表——人单酬表。在海尔，这张表又被称为温度计管理制度。即将给用户创造的价值按竞争力水平在温度计上分成五段，最好的叫分享，往下依次是提成、挣工资、亏欠、破产。每个人根据为用户创造的价值在温度计上的位置来确定自己的收入。挣工资就是单纯的打工仔，亏欠就是浪费了企业的资源。

温度计管理制度，同时也是一套严格的参与竞聘制度，想要去任何一个岗位走马上任，都要有三个以上的人来相互竞争。而且岗位一旦出现空缺，就会有人过来竞争上岗。

公司的制度规定，只要继任者的计划比前任者好，经过竞聘后，不用前任同意，继任者就可以直接走马上任。而这时前任就处于内部待岗状态，享受温度计管理制度中零度的待遇，只拿最低工资，直到重新竞聘上新的岗位。

传统的财务报表是以资本为中心，追求股东利益至上，"人单合一"的三张表则是以员工为中心，目的是激活全员，让员工高效率、高增值、高薪酬的同时，通过创造用户价值，达到企业与员工的双赢。

随着移动互联网时代的发展，海尔最近几年加快了"人单合一"双赢模式的探索实践，搭建起"人人创客"的创业生态，网状组织形态与在向创客组织形态转型。

创客组织最大的变化体现在薪酬模式上，过去由企业付薪，如今变成用户付薪，每一个员工都是一个创客，每一个创客都通过为用户创造价值来获得自己的报酬，从过去的雇佣制变成了合伙人制。

据媒体报道，海尔集团已支持内部创业人员成立200余家小微公司。创业项目涉及家电、智能可穿戴设备等产品类别，以及物流、商务、文化等服务领域。另外，在海尔创业平台，已经诞生470个项目，汇聚1328家风险投资机构，吸引4000多家生态资源，孵化和孕育着2000多家创客小微公司。

在这些小微公司中，已经涌现出如雷神游戏本、小帅影院、有住网、免清洗等具有很强活力的创客小微，并且，183个小微中年营收过亿元的超过一百个，其中有十几个小微引入了风投。

从"人单合一"到"人人创客",海尔在双赢主题指导下,管理模式升级为"三化"战略,即企业平台化、用户个性化和员工创客化。

企业平台化是这个模式的必要条件,如果你不把企业原来的结构重新来过,就不可能做到;用户个性化是目的,所有的颠覆都是为了这个目的;员工创客化则是充分条件,没有员工最大的积极性做支撑,目的就不可能实现。

从市场结果看,这种探索与创新取得了不俗的成绩。数据显示,2013年海尔集团实现全球营业收入1803亿元,而2021年度全球营业营收高达3327亿元,差不多增长了一倍。显然,目前海尔"人单合一"和创客组织的变革,实现了企业价值与员工个人价值的"双赢"。

韩都衣舍的三人小组制

作为中国互联网快时尚第一品牌,韩都衣舍致力于为都市时尚人群提供高品质的流行服饰,凭借"款式多,更新快,性价比高"的产品理念深得全国消费者的喜爱和信赖。

从2008年创业零起步,韩都衣舍的营业额为什么能一路飙升到十几亿元?最根本的原因就是借鉴阿米巴经营模式重构以"三人小组制"为核心的互联网单品全程运营体系。

韩都衣舍的创始人赵迎光把自己的产品小组称之为"蚂蚁军团",并为之骄傲。"三个人的小组制,结构非常简单,就像一只小蚂蚁,而我们韩都衣舍是由非常非常多的小蚂蚁军团组成的。"

韩都衣舍在创业初期,针对搭建什么样的组织模式曾经经历了艰难的选择。一是传统服装企业的串联模式,从服装设计到采购,再到生产和销售;二是并联模式,也就是采用包产到户的方式,让每个品牌、每个款式都是一个相对独立并列的小组。每个小组由三人组成，包含产品设计师、页面详情设计、库存订单管理三个核心岗位，三人中资历和能力强的兼任组长。

并联模式的特点，就是把公司变成平台（比如联排插座），让经营人员分组变成各个小电器（共同使用联排插座电源）。

针对这两种不同的组织模式，韩都衣舍最终决定两个模式同时启用，并行三个月，等三个月后再根据情况做出选择。

于是，韩都衣舍将办公区分成南、北两大区域，南区采用第一种模式运行生产，北区采用第二种模式开始作业。运行的三个月中，发生了有趣的现象：每天晚上下班，南区的员工基本到点就全走了，而北区则是灯火通明，很多时候甚至是被物业赶着离开办公区下班。三个月下来，北区的业绩超过了南区！

韩都衣舍发现这两种模式的本质问题是：企业究竟是以产品为核心，还是以用户为核心。

如果是前者，就必须按照传统组织架构模式，设计师设计产品之后，层层将经营任务向各专业价值链分解，用考核监督的方式确保每个部门完成既定目标，这种组织架构中，设计师是核心；如果是后者，就必须让设计师与用户直接对话，把用户的需求转化为产品，然后再组织公司其他部门完成产品，这种组织模式中，用户是核心。

韩都衣舍运用后者的平台式插排组织，解决了传统组织中的顽疾，带来了几个优势：

提高经营决策效率

产供销一体化的大型制造企业，最大的问题在于用户的问题或是基层的问题要层层汇报，最高管理层决策之后要层层落实，各同级部门之间还需要相互协调，最终会导致企业内部出现严重的"大企业病""决策效率低下""人越多越忙"等问题，韩都衣舍直接面对用户的270多个自主经营体，相当于有 270 多个"小老板"在自转，任何一个用户的问题都会在最短时间内解决。

内部自主经营体之间不断 PK 对标，持续提升整体竞争力

因为都是类似的小组织，自然可以打开经营过程数据对标"糊弄老板""隐藏问题""管理效率低下"等事情均会被对标杜绝。

降低整体经营风险，不把鸡蛋放在一个篮子里

在多个自主经营体共存的模式下，每家买入和卖出都是由各自的负责人决策，从集团整体层面杜绝了极端结果的出现。

解决员工晋升发展和有效激励的难点

让企业成为平台，内部员工都去在该平台上去为自己打工。

更贴近市场和用户

为什么优秀的企业一旦做大就会出现"店大欺客"？这是因为组织庞大之后，内部人都是"对老板负责"，不再"对用户负责"，解决这个问题的根本就是让用户成为每个自主经营体的"老板"，让用户给每个自主经营体投票。

韩都衣舍的"三人小组制"等同于阿米巴经营的组织划分，利用阿米巴模式创立 267 个产品小组，基本上以五个核心目的来设计"小组制"：第一个是尽量实现全员参与的经营；第二个是精细核算到每个员工；第三个是高度透明的经营；第四个是自上而下和自下而上的结合；第五个是希望培养企业更多的领导人。此外，小组制不设"淘汰机制"，以透明的利益共同体驱动。其目的与阿米巴经营模式的目的高度一致。阿米巴经营是责、权、利高度统一的经营模式：将公司分成若干阿米巴小组，从每个阿米巴中选拔巴长（组长），每个巴长有组织人事，财务和经营等方面权利，同时必须执行公司方针和目标指导下的战略，战术和战斗等方面的责任，最后以单位时间为考核评价每个阿米巴对公司发展的奉献而得到相对公平的分配利益。

随着企业规模化发展的加快，以及愈演愈烈的市场竞争，促使每一个企业都需要快速成长。市场环境在变、员工诉求在变，企业怎能一成不变？经营模式的变革是横亘在企业转型发展面前的一道坎，谁先越过去，谁就将主导自己的未来。

海尔和韩都衣舍的成功，无论"人单合一"、创客组织，还是"三人小组制"，经营管理的逻辑都与阿米巴经营有着千丝万缕的联系，这也恰恰说明了，阿米巴经营就是一种不分国界、不分行业、不分规模的经营模式。

第二章
从阿米巴经营到全员创利模式

从阿米巴到全员创利模式

全员创利模式脱胎于阿米巴经营模式，我们在研究和践行的过程中，进行了本土化的创新和发展。

张仲景在《伤寒杂病论》一书中，把一个疾病发展的六个过程写了出来，在中医里面叫六经辩证，也就是说他在中医方面建立了一套体系。企业要想成功转型升级，经营管理也应该建立一套体系，避免头痛医头、脚痛医脚。基于这一出发点，笔者研究了改革开放四十多年来中国民营企业的发展脉络。归纳起来，企业的经营管理可以分成以下三大阶段。

2000年以前：粗放式管理阶段

处于粗放式管理阶段的企业，管理水平虽然较差，但利润率很高。因为这一时期的整体大环境便是"钱很好赚"，对手的管理水平也同样差，竞争不激烈，客户也单一化，没有更多的选择。

在供不应求的时代背景下，只要你能够把产品生产出来，就有人买，而且还是抢着买。所以除了管理水平，当时的产品品质也没有现在好，基础也没有现在好，但因为市场环境较好，只要胆子大，敢想敢干，有点销售能力，那么在这样一个粗放式的管理阶段之下，你就能够快速发展壮大起来。

2000~2010年：系统化管理阶段

从2000年到2010年，这是一个系统化的10年，这一阶段的企业不但要有较强的销售能力，还要提升管理水平，上系统，上ERP等。因此，这一时期才被称为系统化管理阶段。

此阶段中的企业只要做到一切规范化，就可以做大做强。

2010年以后：全员经营阶段

2010年以后，企业的管理进入了第三个阶段——全员经营阶段。

随着时代经济的快速发展，竞争变得更加激烈，企业的利润率也越来越低。这时我们的能力虽然强了，付出虽然多了，但同行比我们更努力，比我们付出更多，所以企业要想继续生存，就要做到全员经营、全员创利。全员创利模式脱胎于阿米巴经营模式，但我们在研究和践行过程中，进行了本土化的创新和发展。

因为全员创利模式，可以让员工明白，只有我们自己才是自己命运的主宰。幸福一定是要靠自己的双手去创造。我们要改变的是扔掉打工思维，使自己成为具有经营者思维的人才，变成公司的合作伙伴，共同经营我们的未来。

因为全员创利模式，可以帮助员工树立经营者思维。全员创利模式，第一条件就是将员工当成经营伙伴。不管一名员工也好，两名员工也好，从聘用的那一刻开始，就将他当成共同经营的伙伴。企业这么做，反过来就可以要求员工从加入了公司的那一刻起，必须树立经营者思维，与公司一起成长和发展。

全员创利模式，还可以点燃员工的梦想和激情。因为工作不再是为别人打工，而是齐心协力，与老板和其他同事经营共同的事业。每个人都会尽自己最大努力去播种，去耕耘，也会一起快活地享受收获的欢乐。只有激发出全员的潜能，企业才能够有美好的明天。

我们来看一个案例。

这家公司我们暂且称它为 M 公司，它成立于 2014 年，专门从事化妆品生产和销售，旗下有多个子品牌，拥有 89 个知识产权，13 个专利，一个作品著作权，现今公司产值高达 3000 多万元。

随着公司的不断发展，M 公司在管理上的弊端逐渐暴露出来，经营机制和员工积极性都出现了严重的问题，这些问题在 2020 年初集中爆发，让公司总经理 W 先生头痛不已。这种经营和管理上的困境，许多企业都遇到过，或者将会遇到。

W 先生在朋友的推荐下，参加了一次我们的全员创利线上微课堂学习。通过积极的学习和课后线上的沟通，W 先生意识到公司的最主要问题是引不进高手，留不住人才。他向我们团队询问解决之法。我问他："你们公司高管的薪酬主要是如何构成的？"W 先生说是通过基本工资加绩效工资构成。我听后说："这种薪酬结构太落后了，员工工资是有天花板的。人才要的是平台和机制，天高任鸟飞，海阔凭鱼跃。一定要给人才内部创业的机制，基本工资+KPI 考核+部门超额利润分红，员工才有内部创业的感觉，高手才能进得来，留得住。"

W 先生非常赞同这一观点，也非常认可我们团队及全员创利模式的专业性、系统性和落地性，听完线上课程后就果断报名了线下课程的学习。2020 年 4 月 18 日，W 先生在系统学习全员创利模式课程后，与我们达成了深度战略合作，并带领团队核心成员参加了全员创利——稻圣阿米巴方案班，在现场制作出了 M 公司发展的落地方案和薪酬方案。

我们是如何帮助 M 公司导入全员创利经营模式的呢？

首先，我们为 M 公司引入了业绩分析会和季度竞聘大会制度。业绩评价表得到了全面的升级，让公司的生产人员在这套管理体系中实现了数据化管理。

第二，每周都有一个员工评价表，这份表主要是反馈员工的积极意识、团队意识、安全意识、服从意识。

第三，在生产质量和日常工作效率方面，做了综合的评分，然后对员工进行科学的评价，做到了奖罚分明。

第四，帮助 M 公司梳理出了配套的哲学手册，全员每天都会学习一条哲学手册里的内容，并且把前一天的经营数据向员工公开、总结、改善。真正使每天进步百分之一行动得以落地，全员执行。

第五，导入了员工大课堂，让公司哲学学习、哲学积分做得好的员工，到讲台上分享他们的心得和实践的案例，让节能降耗、互相帮助、日行一善、服务客户的哲学在公司内蔚然成风。此外，每月还会举行一次空巴会议，通过一边喝酒一边开会的形式，让团队凝聚力大幅提升。

M 公司通过这一系列的改革，公司员工的积极性和凝聚力提升了，大家对公司利润的关注度也高了，全员的努力都体现在了数据增长上。公司员工的月平均收入从 2020 年 8 月的 5312 元，增长至 2021 年 7 月的 9326 元，员工的平均工资在一年的时间里，足足提升了 75.6%。另一方面，公司单位时间附加值从原来的 8.4 元，增长至 48 元，快速增长近 6 倍。

非常具有本土地化实战意义的全员创利模式，到底怎么落地呢？我们的团队通过十几年的入企辅导和实践，总结成以下七大步骤。

第一步，制定推行全员创利模式的方案。

根据公司战略以及未来发展规划，为自己量身定做一整套详细完整的企业发展蓝图，包括：企业组织划分方案；依据以往的采购数据制定一套行之有效的内部定价方案；制定薪酬改革的实施方案；制定经营哲学及其手册推行方案。

第二步，用薪酬改革方案破冰。

薪酬直接关系着员工收入多少，收入方式是怎么样的，因此是最需要直接面对的问题。薪酬改革包括结合企业原有的薪资体系，对于单位时间附加值的确定、实行的奖金制度的确立、分红机制的确定与实行等。

薪酬改革破冰既是试水，也是勇敢地迈出第一步。如果不敢碰原来的陈旧的薪酬制度，就无法导入全员创利模式。

第三步，组织划分。

传统企业面临着这样的痛点：不转型等死，转型却将自己折腾至死。这个痛点根源是组织模式的问题。我们应该认清这样一个基本事实：随着时代的发展，过去那种金字塔式的、科层式的垂直组织结构正在被颠覆。组织划分的意义是将所有部门分出利润型小组织和非利润型小组织，从组织内部释放出巨大的活力。

第四步，导入独立核算制度。

独立核算制度是用经营会计思维，管理和提升企业经营的效率和质量。包括：依据经营会计原则执行监督奖惩；计数员、监督员的培养与拓展训练；

内部交易模式的纠偏与确定；财务数据规范管理公开排名PK比赛；数字化管理与分部门独立核算体系的推行。

第五步，内部定价。

内部定价的重要意义，是建立一套考核全员创利模式业绩改善的标准。完全激活全员创利的积极性和创造性，加强小组之间的良性竞争，进而促进整个公司的凝聚力。

第六步，坚守利润。

利润是全员创利的核心目标。如何坚持利润？我们用到的一个最强大的工具是业绩分析会。包括年度目标的制定、目标制定流程的确定、发展工作汇报的流程等，通过年度、季度、月底业绩分析会，实时掌握经营状况，及时改善盈利能力。

第七步，哲学共有。

哲学是人生的终极目标，包括使命、愿景和价值观等。哲学无形，但我们要做出有形的管理来，使无形的经营哲学让大家看得见。哲学共有的主要内容包括"六个一"、六项精进、六大会议、哲学手册和哲学积分制等，化无形为有形，达到让优秀员工来帮助、教育后进员工，并逐渐转化为一股榜样的力量，形成一种积极向上、催人奋进的企业文化。

本章思考
THINKING IN THIS CHAPTER

1. 什么是阿米巴经营？阿米巴经营模式的基本做法有哪些？

_____
_____
_____

2. 在本书作者看来，企业的经营管理可以分成哪三大阶段？

_____
_____
_____

3. 要想在企业导入具有本土地化实战意义的全员创利模式，有哪七大步骤？

_____
_____
_____

CHAPTER 3

第三章

**全员创利模式的
五个"不是"**

在制定推行全员创利模式的方案之前，我们还要全面了解全员创利模式是什么。当你在提出问题的时候，请你最少提出两套以上的解决方案，并且要知道哪一套更好。一个优秀的中高层管理者，在提交给老板方案时，给到老板的一定是选择题，而非问答题。因为选择题可以让决策更简单、更高效。

经过全面总结之后，我将全员创利模式的独特概括为以下四点：

第一，全员创利模式是股份制吗？——不是。

第二，全员创利模式是承包制吗？——不是。

第三，全员创利模式是事业部吗？——不是。

第四，全员创利模式是预算制吗？——不是。

第五，全员创利模式是管理吗？——不是。

以上五个"不是"背后，藏着全员创利的核心秘密。谁先读懂这五个"不是"，谁就先掌握了导入全员创利模式的先机。

全员创利模式是股份制吗？——不是

企业好比一个人，股份制只能激励其头部，却无法激励其四肢和躯干协同作业。就算你的头脑中有千万个好的想法，但你的手脚和躯干不能顺利地去执行大脑的命令，最终也只能一事无成。

首先，在讨论这个问题之前，先来看看全员创利模式和传统的股份制企业有哪些区别。我们要知道，传统的股份制企业主要面临三大核心问题，分别是：

- 窄
- 大
- 远

首先分析第一个问题：窄。

大部分实行股份制的企业，其面临的最大问题是企业发展惠及的覆盖面太狭窄了，获益的人群数量相对很小，不具有普惠性。我们看身边那些推行股份制的企业，它们往往都会选择把大部分的股份分给企业高管和主要的投资人，而只把很小的一部分股份拿出来给企业员工，而且往往是作为一项福利或奖励实施的。这种安排造成的结果是企业发展的红利，大部分流入了企业高管和投资人的口袋里，而处于一线的员工对于企业的发展感触不深，因为他们本就不是主要受益者。

试想一下，企业股份大部分归属于高管和投资人，作为一线员工，即使全身心地扑在工作中，以企为家，全心全意为企业发展努力奋斗，可最终发的红利是按照持股比例进行分配的。员工们手中那一点点可怜的股份，微不足道。这时，大部分持股员工就会想，既然这样，公司发展不发展，发展得好与坏和下面的员工又有多大关系呢？

所以我们看到，股份制企业发展起来之后，往往只会服务少数高管和主要投资人，而难以调动基层员工的工作热情和劳动积极性，这就是"窄"的问题。在这样的模式下，股份制企业就好比一个人，股份制只能激励其头部，却无法激励其四肢和躯干协同作业。其结果就是，就算你的头脑中有千万个好的想法，但你的手脚和躯干不能顺利地去执行大脑的命令，最终也只能一事无成。

这时，就引出了股份制企业的第二个问题：大。

这里的"大"不是大小的大，而指的就是"大锅饭"的"大"。那么，什么是"大锅饭"呢？

甲、乙二人同在一家公司服务，甲负责销售，乙负责生产，甲乙两人都是公司的持股股东，而且两人持股比例相同，各占10%。结果，该公司在年终结算时发现这一年的纯利润是1000万元。按照公司的章程，甲乙两人的分红应该完全相同。但甲却认为分配方案有失公平，提出了不同意见。

这是因为甲发现自己负责销售，辛辛苦苦四处奔走，很努力地干了一年，为公司的发展付出极大；而乙虽然名义上负责生产，但一年下来基本上是在混日子，一年的出勤比例还不足一半，迟到、旷工更是家常便饭。忙了一年，就是因为持股比例相同，甲乙两人却要拿一样的分红。一想到这些，甲怎么也不能够接受这种分配模式？这就叫吃"大锅饭"。

应该怎样解决吃"大锅饭"的问题呢？在全员创利模式下，首先要解决的问题就是要推行组织划分和独立核算。例如，销售部努力奋战一年，经过全年利润独立核算，发现销售部实现利润900万元；而生产部全员上下过于懈怠，工作热情匮乏，努力程度明显不足，经过全年利润独立核算，发现扣除生产部相关人员的工资和其他各项支出后，实现利润仅有100万元。如此独立核算，两个部门的差距显而易见。如果两个部门分红一样多，这合理不合理？显然是不合理的。

那么，如何分配才是合理的呢？按照经济学原理，实行独立核算，多劳多得，少劳少得，不劳不得，加上管理的原则，先按照部门利润奖罚分明，最后再加上按投资比例进行二次分红。就可以一举打破吃"大锅饭"的痼疾，充分激发全员的积极性和创业热情。

第三个问题是"远"。

股份制的激励周期太过于漫长，企业发展的红利距离一线员工太遥远了。现实中，我们看到普遍性的问题是，员工已经离职了，而企业发展的红利还远未落在员工头上。遥不可及的问题导致一线员工对企业发展普遍持一种漠不关心的态度。

经过研究发现，大部分推行股份制的企业，一年乃至数年才能分红一次。而在某些人员流动速度比较快的行业或者领域，大多数员工往往难以在一家企业长期服务，于是出现大部分一线员工即便在名义上拥有部分股权，却始终难以分享到企业发展的红利，这种望梅止渴的局面，使得员工与企业之间日渐疏离。因为一线员工对企业普遍缺乏归属感，对工作缺少热情和动力的状况普遍存在就不言而喻了。

全员创利模式和股份制的本质区别就是一线员工可以即时获得自己创造

的利润，分享企业发展的红利。这也是全员创利模式与传统企业管理模式相比较，明显可见的最大优势。

全员创利模式是承包制吗？——不是

承包制追求的是局部利益最大化，而全员创利模式追求的是长期利益与短期利益兼顾，既关注短期利益，也关注长远利益，同时强调大局观。

全员创利模式的第二个特点是它不是承包制。在对这个问题展开深入探讨之前，先来看一下什么叫承包制。承包制，一般也称为承包经营责任制，是我国全民所有制企业经济体制改革中采取的一种生产经营责任制形式。其基本原则是承诺最低基数，超收多留，欠收自补。其中，最低基数既是企业的义务，也是国家所有权和宏观经济管理权在经济上的体现；超收多留，欠收自补，既是企业的权利与责任以及企业经营权在经济上的体现，也是企业经营者和生产者的积极性、创造性的动力源泉。

通过改革开放几十年来的发展，我们发现，实行承包经营责任制，一方面有利于理顺国家和企业之间的关系，在坚持企业全民所有制性质的前提下，改革企业的经营方式，扩大企业自主权，增强企业活力，既有利于促进企业的技术改造，以增强企业发展的后劲，也有利于贯彻按劳分配原则，调动一线职工的生产积极性和创造性。很多企业也参照此模式，在企业内部，各生产线、各产品线，以及各销售部，纷纷采取承包责任制来发展企业，结果在实践中，发现存在不少亟待解决的问题，例如承包基数不规范，最终导致企业之间分配不均；各部门行为日益短期化，不愿意做长远规划，甚至出现为了部门利益做出违背企业价值的事情。

基于经验教训的总结，全员创利模式与承包制在责权利、大局观、资源利用等各个不同方面均存在巨大不同，差异显著。

企业家 C 先生，曾在自己的企业大力推行承包制。在实行承包制的初期，该企业确实实现了跨越式发展，在行业内取得了令人瞩目的成就。但是很快他就发现了问题：当企业上下全员推行承包制以后，为了赚取更多的利润，公司上下所有人，上至高管，下至员工，都把赚钱摆在了最重要的位置。为了赚钱，可以不顾行业规范的要求，偷工减料，甚至突破安全生产和国家规定的最低质量标准。

比如公司的总经理 H 先生，他从不关心公司的发展战略和肩负的社会责任，对员工也是一副漠不关心的样子，因为他认为员工只不过是他获取利润的工具而已，没有丝毫的感情。他只关心自己今年能赚到多少利润，其他的对他而言毫无意义。作为企业的实际管理者，他拥有很大的权力，他既是承包人，也是老板，他牢牢掌控着人事权和财务权，为了压缩成本，他毫不犹豫地进行裁员，以品质部为例，原本 15 名员工，他裁掉超过一半，只留下七个人超负荷地工作。与此同时，在 H 先生的推动下，生产车间不断简化工艺，将以前需要打三颗铆钉的地方减为两颗铆钉……经过以上一系列操作，利润虽然是获得了提高，但公司品牌、产品品质、管理运营系统全部丧失了。最终，原来的大客户纷纷取消合作，产品在市场上一败涂地。

案例中，作为企业创始人 C 先生最大的责任，就是在实施承包制时给予了 H 先生太多权力，而他只关心眼前利益，目光短浅，唯利是图，最终导致公司规模迅速萎缩，逐渐被市场淘汰。

承包制追求的是局部利益最大化，而全员创利模式追求的是长期利益与短期利益兼顾，既关注短期利益，也关注长远利益，同时强调大局观。那么到底什么是责与权呢？我们来看对比：

责 承包制的责任，追求的是利润的最大化；而全员创利模式的责任追求的是什么？其追求的是以培养人才为核心目的，在培养人才的同时，实现利润最大化。

权 承包制的承包方的权力普遍很大，一般都拥有较大的财务权和人事权，在管理过程中拥有极大的话语权。全员创利模式则通过建立一整套事前计划、事中管理、事后评价的运营管理体系，以期系统控制。

在资源利用上面，承包制是最大限度地透支资源，资源的利用率相对较低，全员创利模式则是合理利用资源，资源的利用率相对较高，这是全员创利模式和承包制的本质区别，即责权利根本不同。

相对而言，承包制追求承包者的利益最大化，而全员创利模式则是追求全员共享，这是全员创利模式与承包制的本质区别（如表 3-1 所示）。

表 3-1 全员创利模式与承包制的区别

承包制 VS 全员创利模式	承包制	全员创利模式
责任	利润最大化	以培养人才为核心目的，同时实现利润最大化
权力	权力很大，一般拥有较大的财权、人事权	通过事前计划、事中管理、事后评价，系统控制分权风险
利益	承包者利益最大化	利益全员共享
长短期利益平衡	关注短期利益，急功近利	即关注短期利益，也关注长期利益
大局观	局部利益最大化，形成诸侯	关注局部利益的同时，服从全局利益
资源利用	最大限度甚至透支利用资源，资源的集约度低	合理利用资源，资源的集约度高

全员创利模式是事业部吗？——不是

实行事业部制的企业，中高层管理者尚且正走在从"为老板干"到为"自己干"的中途，而全员创利模式后的企业管理者，已经跑到了"自己干"的终点。

在辅导企业全员创利模式落地的过程中，经常会有人提出这样的问题：全员创利模式与事业部两者在运营管理、独立核算等多方面都有很多相似之处，那么，它们之间有何具体区别呢？简单说，实行事业部制的企业，中高层管理者尚且正走在从"为老板干"到为"自己干"的中途，而全员创利模式后的企业管理者，已经跑到了"自己干"的终点。

具体来说，它们之间有以下五种不同点：

运营系统不同

全员创利模式是以经营哲学、经营组织、经营数据等组成的一套完整的系统模式。

事业部则仅是以某一类型的产品、市场或团队为基础进行区分的组织形式，以实现某一类市场目标为目标。

全员创利模式更强调"经营"能力，而事业部制更强调"管理"能力。

目的不同

全员创利模式以开源或节流为主要目的，以培养经营人才为根本任务，更多的是面向市场的为目的导向。

事业部制只是一种管理组织形态，以完成管理目标为主要目的。

组织成员定位不同

全员创利模式要求全体组织成员都成为经营者，全员参与，强调自主完成组织任务，强调成员的能动性和创造性。

事业部制的每个成员是团队的一员，强调分工合作，要求积极完成岗位职责，注重个人绩效。

对数据的要求不同

全员创利模式强调数据系统的支撑，强调经营报表，及报表数据的不断改进和修正，对数据采集、分析、监测、比较等有较高的要求。

事业部制对数据的要求没有明确的规定，所需的数据以关键指标为主要导向，对数据的系统化没有明确规定。

事业部通常对总部费用不做分摊，这样就不能更准确反映企业经营的实际情况。而全员创利模式下，企业的经营运作通过会计报表的统计，每个分支的盈亏状况都能清楚地反映在表格上，进而明确地体现出整个企业的经营情况。

交易形式不同

全员创利模式的交易机制，能不断适应外部环境的变化，往往会不断细化交易组织，进行独立核算，而且其内部也会形成交易，将经营指标直接传递到每个成员身上。

在某些事业部管理下，事业部之间会有特定的交易机制，但事业部内部一般不会产生交易，也不注重结算，所以经营指标通常只能体现在事业部负责人一级。

总的来看，事业部制还远未实现人人参与经营的目的，可以看作全员创利模式的雏形。事业部制里高层管理者尚走在从"为老板干"到为"自己干"的中途,而基层的大量一线员工还完全处在为"老板干"的阶段。

对企业来说,选择全员创利模式还是选择事业部制,没有优劣之分,关键还是要看企业的发展阶段、经营状况、战略规划、人才队伍建设情况等。

但当企业发展到一定阶段之后,必然要追求更加精细的经营管理,会不断向全员创利模式进化。在发展过程中,难免会发生两种模式同时并存的现象。此时,如何避免全员创利模式在实践操作过程中向事业部制倾斜甚至倒退呢?对此,应从以下四点加以重视和强调:

第一,加强员工对全员创利模式的学习和认识。一般来说,大部分基层员工对全员创利模式的认识尚且仅仅停留在基础知识层面,有的人甚至连基础知识都严重匮乏。员工缺少经营意识,在实际工作过程中就无法正确理解和运用。

第二,企业文化落实不到位。稻盛和夫先生的"敬天爱人"的利他哲学理念没有得到切实全面的贯彻实行,华丽的理论最终变成了挂在企业墙上空洞无物的文字。因此,需要重视企业文化落实,形成文化力在企业上下贯穿。

第三,企业的团队凝聚力和向心力严重不足。全员创利模式的本质其实是内部的竞争,如果没有足够优异的团队意识和凝聚力,一旦遇到严重问题或者突发状况,整个团队瞬间就会变得涣散。尤其是销售部门,因为凝聚力不够,很容易失去立足市场的战斗力。所以,无论培训还是在实际工作中,培育团队凝聚力和向心力十分重要。

第四,权力、责任、利益三者的关系失衡。我们都知道,责、权、力最好的状态是三者达到一个相对动态的平衡,但在实践过程中,权责下放往往难以到位,导致员工自主性和积极性缺乏。因为员工没有"为自己干"的经营意识,基层工作始终停留在上面分配任务,员工被动执行的层面上。在利益共享时也无法做到真正的公平、公开、公正，员工心里觉得受了委屈，长此以往，自然会遇到种种经营管理上的问题。

全员创利模式是预算制吗？——不是

全员创利模式显然不同于传统意义上的预算制度。它与预算制的区别在哪里呢？全员创利模式的重点不考核成本指标，而是考核利润指标。

预算制度是一个集体或者组织以规章制度形式规定的有关预算收入管理方面的准则和规范。在我们的日常工作和生活中，一些预算制度不规范的单位，时常会由于该公司没有建立完善的全面预算体系，出现一系列的问题，例如：只有重要部门才编制预算，导致公司的主要管理者无法实现全面系统的管理和控制；或者是胡乱制定预算，导致预算体系形同虚设，但跟实际工作没有多少关系；抑或为了本部门的利益，大肆推行小团体主义，将编制预算当成一个讨价还价的过程，目标总是会被砍一刀的，所以产出目标尽可能留余地，费用成本尽可能宽松点，挖空心思为本部门攫取利益等。

那么，预算执行与实际的差距到底是如何产生的，是预算编制的问题，还是实际执行出现了偏差？预算制度到底有什么价值呢？全员创利模式相对于预算制又具有哪些优势呢？下面针对上述问题分别进行阐释。

众所周知，预算制度是一种计划，正是因为其本身的计划性从而决定了编制预算的工作是一种计划性工作。

通常来说，预算可以简单地概括为三方面的内容：

"多少"——为实现计划目标的各种管理工作的收入（或产出）与产出（或投入）各是多少；

"为什么"——为什么必须收入（或产出）这么大的数额，以及为什么需要支出（或投入）这么大的数额；

"何时"——什么时候实现收入（或产出）以及什么时候支出（或收入），必须使得收入与支出实现动态的平衡。

从本质上来说，预算是一种对未来的预测，它是对未来一段时间内的收支状况的预计。通常，制定预算数字的方法一般会采用统计方法、经验方法或工程方法。从其要达成的目的来说，预算主要是一种控制手段。

我们以一个简单的算式来进一步生动形象地理解什么叫预算制。

$$10-9=1$$

在上面的算式中，10是业绩，9是成本，1就是利润。

所谓的预算制就是定一个指标是成本"9"，在实际工作中只要不超过这个范围就可以了。因此，在实际经营中，很多管理在确定成本指标的时候，总是希望把这个数字"9"定得越高越好。

再比如：

应公司的要求，员工准备去南方出差一段时间，那么，员工希望老板给其报销8000元预算还是报销5000元的预算呢？

毫无疑问，是8000元。所以，员工为了争取到这8000元的预算，会不会有意虚报虚增一些费用项目放进来呢？这位员工也许会跟老板说，这次要招待的客户要求很高，不喝茅台恐怕签不下来。当他成功争取到8000元的预算后，会不会尽量节约一点，争取有所盈余呢？不会。因为如果这次节约了之后，也许就会影响到下次的预算，所以员工会争取最大的预算，同时把最后的预算全部花掉。至此，你会发现最终的结果是什么呢？企业的成本变成了最大化。

还有一个问题是，我们确定成本为"9"的时候，它是基于我们的业绩要做到"10"来确定的，但这时候"10"能否达成完全还不知道。很多时候"10"未能达成，我们一般会归结于经济状况不好。出人意料的是，"9"却超额达成，所以这就是预算制面临的问题。

全员创利模式显然不同于传统意义上的预算制度。它与预算制的区别在哪里呢？全员创利模式的重点不考核成本指标，而是考核利润指标。全员创利模式为什么选择考核利润指标呢？因为考核利润指标时，即使市场表现不佳，10个月业绩只完成了"8"，那么，被考核者一定会为了完成指标采取一系列措施，他会想方设法去降低成本，把"9"变成"7"，8-7等于1，利润目标仍能达成。这就是全员创利与预算制相比最大的区别——坚守利润。

全员创利：中国式阿米巴经营
ALL STAFF TO CREATE PROFITS

全员创利模式是管理吗？——不是

全员创利模式不是管理，是经营。经营是"以人为本"，管理是"以事为本"。理解了这一点，也就抓住了全员创利模式的精妙所在。

有必要再次强调一下，全员创利模式不是管理，是经营。千万不要简单地理解为提升管理能力，全员创利模式强调的和要做的是提升老板的经营能力。

管理大多数是企业内向的行为，而经营的特点既有外向，也有内向。向外求市场，关注的是市场环境的变化，以及未来的趋势。以上一节中 10-9=1（收入－成本＝利润）的算式为例，可以得知，经营是做大"10"，将"10"变成"11"，变成"12"，最好能变成"20"。

向内求什么？不是求降成本。如何降成本是管理的事。经营向内求的是人才，积极地培养人才，而且是批量地培养人才。回头再看前面讲过的两个案例——海尔和韩都衣舍。海尔的"人单合一"，其根本目的和最大化的价值，就是在内部培养经营型人才，而且是批量培养，尤其到了后面的创客型组织，人人可以当 CEO。CEO 要直面市场，承担盈亏的责任，这样的一群人，无疑是海尔内部员工的佼佼者。韩都衣舍在"以人为本"的经营方面做得更超前，他不再招聘员工，而是直接招聘老板，招聘合伙人，让企业的人员结构、经营模式从一开始就领先同行，而且一骑绝尘，人员的竞争力优势无人能比。

第三章
全员创利模式的五个"不是"

经营是"以人为本",管理是"以事为本"。理解了这一点,也就抓住了全员创利模式的精妙所在。对理解整本书的内容,有着至关重要的意义。所以,请大家一定记住,全员创利模式不是管理,是经营。经营是系统、整体和全局思维,而管理是模块、局部和线型思维。生动形象地说:管理是乘法,管理一群人去工作,得到成倍的工作成果,是 $2\times2=4$,$4\times4=16$。经营不是管理一群人如何工作,而是决定一群人做什么工作,并想方设法用巧妙的方法做得更好,这就相当于立方了,2 的立方是 8,4 的立方是 64。

本章思考
THINKING IN THIS CHAPTER

1. 传统的股份制企业主要面临三大核心问题是什么?
___
___
___

2. 全员创利模式与事业部相比,有哪五种不同点?
___
___
___

CHAPTER 4

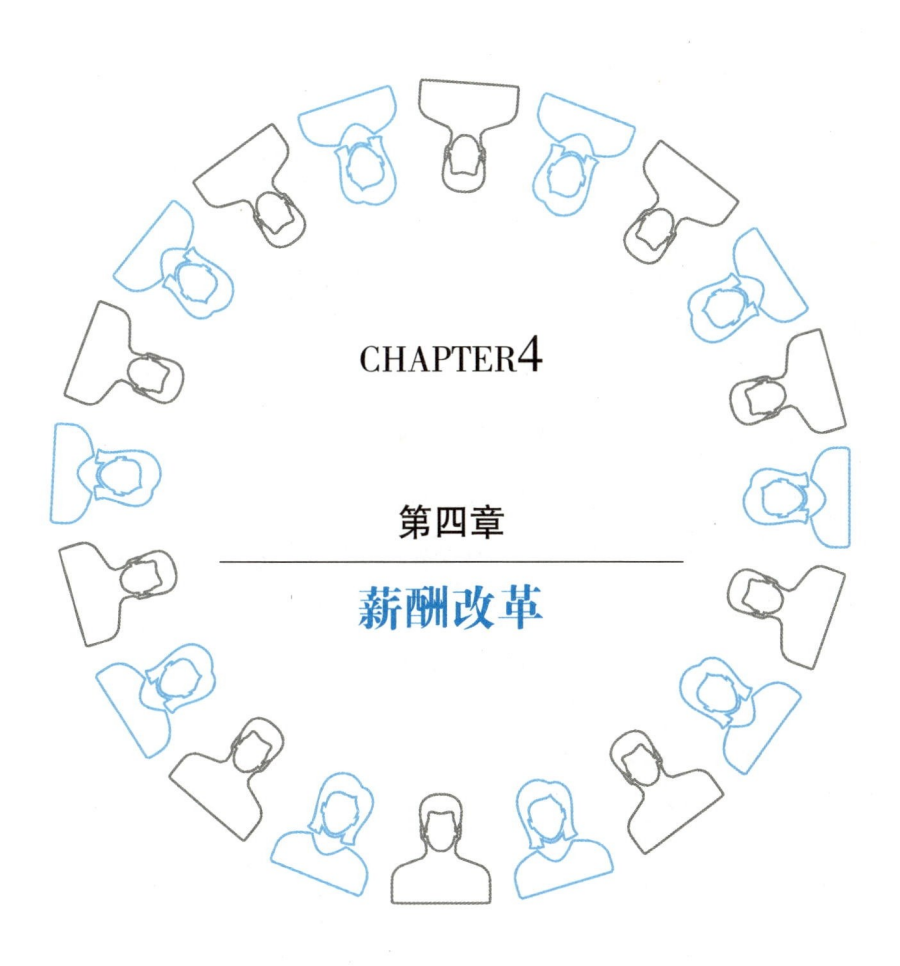

第四章
————————————
薪酬改革

很多企业之所以是传统企业，首先就体现在薪酬制度陈旧、固步自封，毫无竞争优势。

时代在不断变化，生活水平在不断提高，有一些企业，几十年前的薪酬模式一直沿用至今，对员工所关心的薪酬问题漠不关心，最后成为被时代所淘汰的企业。

薪酬直接关系着员工收入多少，收入方式是怎么样的，因此是最需要直接面对的问题。在这里，我要与各位企业家朋友说一句心里话：谁能直面员工在薪酬问题上的关心，谁就能与时代同行，谁就能在企业转型升级路上取得成功。

薪酬改革破冰既是试水，也是勇敢地迈出第一步。如果不敢碰原来的陈旧的薪酬制度，就无法导入全员创利模式。

本章核心内容包括：薪酬改革"三板斧"、如何鼓励内部创业实现企业与员工双赢等。

第四章
薪酬改革

众所周知，我国古代战国时期，秦国通过商鞅变法从一个弱国变成了强国，随后横扫六国，最终得以一统天下。

那么，商鞅变法让秦国由弱变强的秘诀又是什么呢？答案是两个机制，一个叫耕者有其地，另一个叫有战功就有赏。

在没有变法之前，秦国实行的是奴隶制，奴隶辛苦打的粮食一大半都被奴隶主收走，自己却连饭都吃不饱，干活自然没有动力。

商鞅变法之后，百姓可以去开垦荒地，只要交点税给秦国就可以了，剩下的都归自己所有，充分将百姓的积极性调动起来。变法还鼓励其他国家的人也可以到秦国来开垦荒地。这就相当于一个企业设计好了一套薪酬机制，让所有人都来投奔你。

这一招极其厉害，使秦国在短短十年内，从一个极贫极弱的国家变成了当时的富庶国之一。

秦国的发展壮大同样离不开"战"的机制，这便是秦国的军功爵制。

秦国的军功爵制是奖励军功、鼓励杀敌求胜的军功爵禄制度，主要包括两项内容：第一项是凡立有军功者，不问出身门第、阶级和阶层，都可以享受爵禄。军功是接受爵禄赏赐的必要条件。第二项是取消宗室贵族所享有的世袭特权，使他们不能再像过去那样仅凭血缘关系就可以获得高官厚禄和爵位封邑。

在变法之前，秦军上战场打仗是为国家打，打赢了奖励都归于领军的将军。而军功爵制的改变，将每一场战争的胜负，与士兵的切身利益紧密结合，使他们犹如虎狼之师，骁勇善战，不怕牺牲，战斗力极强，从而使秦军扭转了长期以来在战场上被动挨打的局面。

秦国的军功爵制对后世的影响极大。楚汉争霸，韩信被刘邦拜将后也采用了这种军功爵制，士气大振，勠力同心，最终战胜了项羽。

无论耕者有其地，还是有战功就有赏，这两个古代的机制，以今天的眼光来看，就是企业经营的薪酬制度和管理机制。正如德鲁克曾经指出的，伟大公司之所以伟大，关键在于它们一直在寻找人的潜能，并花时间开发潜能，其实每个人的潜力都是无穷的。薪酬改革就是打破传统的管理架构，让员工有机会与企业管理者获得同等的权力和待遇，就能使所有人团结一心，释放潜能，为企业的未来奋发图强。

S公司成立于1991年，是专业研发和生产烘焙机械设备的资深企业。公司现有两家工厂，占地10万平方米，在职员工580人，年产设备10万台。成立30年来，公司凭借创始人的人格魅力，凝聚了一批忠诚的老员工，但是却一直在管理模式上苦苦探索，缺乏一套科学的经营管理模式，无法快速有效地引进高水平人才。尤其是部分员工缺乏动力和进取心等问题，长期困扰着公司董事长及总经理T先生。

2021年，T先生通过创新转型总裁峰会与我们结缘后，不但报名参加后续方案，还聘请我们进入企业落地辅导。通过薪酬方案改革，成功引入高端技术人才，总经理先后带领13位中高层管理人员参加稻盛阿米巴标杆游学团队落地特训营，现场统一核心层思想，实施对赌方案及利润性薪酬，确定了年度利润增长目标。总经理现场与中高层管理人签订军令状，2020年公司实现净利润同比2019

年增长 225% 以上，员工年终奖同比 2019 年增长 400% 以上。公司持续实行阿米巴经营，2021 公司利润在 2020 年的基础之上，再次增长 100% 以上。

薪酬改革的"三板斧"

理解、掌握了这"三板斧",就可以一通百通,灵活多变地根据各自企业特点制订有效的薪酬改革方案。

薪酬改革,首先要对企业的薪酬状况进行调研,因为我们的方案必须要有针对性和实用性,要解决它原有的问题。

针对企业薪酬现状的调研有以下七大问题:

(1)公司里的管理干部和员工很多,但关心利润的只有老板一人。

(2)员工不再只需要实现温饱,还要求实现个体成长。随着时代的发展,我们的员工不只是要求在企业工作拿到相应的报酬,还有个体价值的实现,如果能够满足这些,员工才能够在企业长期工作。

(3)薪酬是相对固定的,做多做少、做好做坏,薪酬上都差不多。

(4)发奖金时觉得人太多,安排任务时又觉得可用的人才太少。

(5)目标是想出来的,所谓目标只是想法,能做多少算多少。

(6)企业文化是贴在墙上和念出来的,没有沉淀,没有转化为行动并形成习惯。

(7)以工作时间来衡量敬业精神,重考勤轻考核,买的是员工的时间、体力而不是价值。

总的来说,在企业经营当中,实际的状况就是老板不愿意分钱,或者说他愿意分钱，但是他不知道怎么合理地分钱，能够激发员工的积极性，但是对员工来说就是不愿意承担责任，也不愿意承担风险。那么如何改变员工打工者的心态，如何让员工和老板能够同舟共济，怎样来解决这些问题，就是我们薪酬改革的目的。

所以，改革前要先确定全员创利的薪酬由哪些部分组成：基本工资、固定补贴、业绩提成比例、利润奖金分配比例、对赌薪酬参数（KPI考核工资、对赌奖励系统等参数）等。然后建立并及时统计经营数据，各种经营数据包括：对外销售、对内销售、领料单、费用报销、工时申报、KPI数据、计划预算数据、加班、计时、计件工资等。

展开来说，第一步我们首先要根据企业的自身状况，设计企业的薪酬方案。这一步骤分为两部分，第一部分是我们的工资由哪些部分组成，在组成当中，业绩提成或KPI该如何去考核，奖金又该怎么分，也就是我们的奖金分配制度是什么样的？第二部分是我们的超额利润奖金它的分配系数是多少，公司拿超出利润的多少比例来作为团队的奖金，以及每个人的占比是多少，这就是一个薪酬结构的方案，这个方案就相当于要如何定一个规则。

落地的第二步叫薪酬配置。我们团队自主开发出了一款可以激发全员创利的薪酬软件，可以实现每天算出员工当天工资，实现及时激励。由于全员创利提倡利润型薪酬，是要和企业利润要挂钩的，所以首先要把利润算出来。要算出利润就必须要有经营数据，所以经营数据要及时录入到薪酬软件系统中，这样我们的工资计算才有依据，这个过程就叫经营数据的建立。

在全员创利模式中，以利润型薪酬为导向的薪酬结构有很多组成形式。其中的重点是薪酬改革的"三板斧"。理解、掌握了这"三板斧"，就可以一通百通，灵活多变地根据各自企业特点制订有效的薪酬改革方案。它们分别是：对赌工资、KPI工资、超额利润奖金。

第一板斧　对赌工资

对赌工资的落地策略有以下三个步骤：

（1）在薪酬软件里对赌配置中可以配置对赌工资利润指标、基础奖励比例以及超额利润奖励比例。

（2）当团队利润达到对赌工资利润指标后，超额利润奖励比例 × 增长利润 + 目标利润 × 基础奖励比例奖励员工。

（3）当团队利润没有达到对赌工资利润指标时，按对赌工资的奖励比基础奖励比例 × 实际利润奖励员工。

假设员工有1000元来参与团队的利润目标，对赌的基础利润目标设定为10万元，基本的系数为1%，超额利润超出部分的奖励系数就是2.4%。在实际经营当中一般是两种情况：一种是没有达到上述10万元的设定目标，假设只做了5万元，那么只能按1%来算，也就是最终得到的是500元；如果你做了1万元，可能只有100元；如果没有利润，这1000元就变成0了。第二种情况是超出了设定目标，假设做了15万元，首先会有一个基础的利润目标，基础利润目标就是10万元乘以1%，会得到1000元。而另外超出的5万元，乘以2.4%会得到1200元，再加上基础的1000元就是2200元。因为经营状况超出了公司的基础利润目标，所以最终得到了一共2200元的对赌工资，这就是对赌工资的简单计算。下面结合一个案例来看。

某高端母婴保健服务公司的老板段总非常有魄力，做了一个十年百店的宏大计划。为了让全员跟上公司发展和转型，段总决定用薪酬改革的方式，激活全员。但想法很美好，现实很骨感，薪酬变革阻力极大，可以说是困难重重。

第四章 薪酬改革

在段总的高管团队中，有曾是中医保健院的院长、行业的专家，有做行政的副总等。由于之前他们都是拿工龄工资，已经习惯了，一听说薪酬改革就认为是老板在变相地降工资，所以非常反对。因为多数人反对，段总就做了一个事情，正好成立了一个新的部门——产康部。他决定将新部门当成试点，新来的员工只有两种工资，一个是对赌工资，另一个就是KPI工资。

首先对每个岗位进行KPI梳理，由于员工的基本工资拿去做对赌了，因此压力非常大。员工也知道做对赌工资是上不封顶的，是跟部门的利润挂钩的，所以这部分员工就拼命工作，拼命做好服务。来到月子中心的都是有高端消费能力的客户，服务做好了，客户就愿意掏钱，所以一个月下来，普通员工的收入能达到两万元左右，产康部的部门经理第一个月拿到了五万多元的工资，这给全公司带来了巨大的震动。

这样一来，原来反对的公司高管也不反对了，因为作为上级，比如副总、院长等，只有一万多元的工资，而他的下级竟能拿五万多元，结果显而易见。

事后，段总总结说，薪酬变革一定要选择好合适的时机和策略。导入对赌工资制后，不仅激发了员工的积极性，提高所有人的收入，还能实现内部创业的新局面。

第二板斧　KPI工资

L公司是一家经营货运代理和船运代理的公司，在上海、苏州、太仓、厦门、中国台湾都有分公司。

推行 KPI 工资制之前，L 公司的老板 G 先生有一个令他感到烦恼的事情：由于各方面的因素，中国台湾分公司和厦门分公司从前年下半年到去年上半年业务大减。但是 G 先生很有大爱，一个员工都没有辞退。由于业务收入巨减，员工只能拿固定部分的工资，但是员工们不领情，认为不管我干得好坏，公司是不是亏钱，跟我没有关系，我该拿多少工资还是拿多少工资，并有员工为工资的事闹劳动仲裁。为了平息劳动纠纷，L 公司决定进行薪酬改革。

L 公司薪酬改革的做法是，将浮动工资部分分解为 KPI 工资和绩效工资，分别与 KPI 达成率、箱量、票量为代表的业绩挂钩。利用薪酬软件的实时性和自动计算的特点，先做两个月的工资尝试，员工每天自动查询自己每天的工资增长情况，大家尝到甜头，一致通过，从第三个月开始正式推行 KPI 工资制。

L 公司工资表中设置一个 KPI 的工资，由于每个员工拿多少工资都不一样，所以一般设置是根据员工的收入从 20% 开始，比如说月工资是 1 万元，那么在不超过 2000 元的前提下，20% 拿来做 KPI 考核。当然，KPI 考核有奖有罚。设置完成之后，这张计算表便一目了然了（如表 4-1 所示）。

员工每天都能够通过手机小程序查询到自己的工资，再和他自己计算的进行比较。两个月后，员工都非常清楚自己的工资收入是怎么来的了，也知道公司各地分公司的业务运转情况，员工积极性得到了大大提高。业务量巨减的两个分公司同意调往业务繁忙的其他分公司去上班，并重新和公司签订了新的劳动合同。

第四章 薪酬改革

表 4-1　L 公司 KPI 工资

名称	部门	日期	KPI 工资	对赌工资最高奖励比例	对赌工资奖励比例	对赌工资利润指标
张××	太仓×××	2021/10/20 00:00:00	1200	0	0	0
顾××	太仓×××	2021/10/20 00:00:00	1000	0	0	0
毛××	太仓×××	2021/10/20 00:00:00	1200	0	0	0
沈××	太仓×××	2021/10/20 00:00:00	1800	0	0	0
季××	太仓×××	2021/10/20 00:00:00	1000	0	0	0
钱××	太仓×××	2021/10/20 00:00:00	1400	0	0	0
李××	上海×××	2021/10/20 00:00:00	1200	0	0	0
冷××	上海×××	2021/10/20 00:00:00	1000	0	0	0
赖××	上海×××	2021/10/20 00:00:00	4000	0	0	0
于××	上海×××	2021/10/20 00:00:00	3000	0	0	0
任××	上海×××	2021/10/20 00:00:00	1400	0	0	0
冯××	上海×××	2021/10/20 00:00:00	1400	0	0	0
武××	上海×××	2021/10/20 00:00:00	2200	0	0	0
乐××	上海×××	2021/10/20 00:00:00	2600	0	0	0
王××	上海×××	2021/10/20 00:00:00	3000	0	0	0
李××	上海×××	2021/10/20 00:00:00	5000	0	0	0

KPI 是薪酬改革的标配，落地全员创利模式时，导入 KPI 要从业绩、能力、思维方式、热情这四个维度进行考核。业绩从哪里来，体现在哪里？

业绩从目标责任书来，体现在企业与员工签订的目标责任书中。下面我们以某公司美妆部刘经理的目标责任书，来详细解读 KPI 考核的四个维度。

我们以 L 公司苏州分公司刘经理的目标责任书为例，来看看 KPI 考核具体是怎么实际操作的。

2021 年苏州分公司刘经理目标责任书

为了切实、有效地贯彻和执行总公司的经营方针，顺利完成总经理下达给苏州分公司的经营目标，特制订本责任书。

1. 责任人：刘经理

2. 责任人职位：大客户销售

3. 任务期限：2021年1月1日至2021年12月31日（到期公司再重新与责任人签订下一年度目标责任书）

4. 任务目标（见业务2021年指标提成核算方案文件）

5. 负责人薪酬：

月薪＝工资＋KPI完成率奖金＋个人哲学积分奖金＋个人业绩提成＋超额利润奖金

（1）工资：工资11200元根据月度考勤，按月度分解发放，为每月工资固定发放部分。

（2）KPI完成率绩效奖金＝绩效完成率×3000元/月；

（3）个人哲学奖金＝个人哲学积分奖金100元×积分达成率（60分以上才有哲学奖金，封顶100元。低于60分不享受）；

（4）个人业绩提成核算参考2021年指标提成方案签订文件；

（5）超额利润奖金项公司在模拟试用中，最终按公司出的书面文件为准。

6. 绩效考核年销售额指标纬度为不计提成指标500万元的一半，即250万元。

在这个目标责任书中，规定了员工的工资结构，比如固定工资、KPI工资，然后是哲学积分的奖励，销售岗位的销售提成，超额利润奖金如何来分等。我们看到员工的业绩指标是500万元，其中250万元是作为基本考核的，超出250万元以上的员工才有个人业绩提成。分解到每个季度，每个季度再分解到每个月（如表4-2所示）。

表 4-2　刘经理目标责任书 KPI 分解

第一季度（1~3月）20%			第二季度（4~6月）25%			第三季度（7~9月）25%			第四季度（10~12月）30%		
50万元			60万元			65万元			75万元		
1月	2月	3月	4月	5月	6月	7月	8月	9月	10月	11月	12月
16	16	18	20	20	20	21	21	23	25	25	25

下面是 KPI 考核的内容，每一条 KPI 考核什么必须清清楚楚（如表 4-3 所示）。很多公司做 KPI 考核，到底考什么，公司和老板都没有想明白，也没有明确的规范，最终导致 KPI 制度成为自话自说的绩效游戏，反而导致管理陷入泥潭。

表 4-3　刘经理目标责任书 KPI 的考核维度

关键考核指标（KPI）				
序号	内容	分值	完成情况	数据来源
1	销售额：每月个人销售达成约定绩效，少1万元，扣10分（业绩）	40		财务部
2	新增大客户：参与谈成一个新的10万元以上的大客户，未达，扣10分（能力及努力）	10		财务部
3	项目转化率：正常交付订单占询价订单次数不低于20%（10个询价订单要有2个订单转化率，未完成，扣10分）（能力及努力）	10		销售部门经理/采购部
4	收集商机：收集2个准客户的准确信息，交总经理审核，录ERP，未完成，扣10分（能力及努力）	10		销售经理
5	回收2个月以上应收款10万元，少2000，扣1分（努力）	10		财务部
6	拜访：上方拜访8个准客户，完成信任关系建立，未完成，扣10分（思维态度）	10		人事钉钉导出数据
7	态度：完成上级交待的其他任务，由上级或被服务部门评分，例：哲学积分、客户投诉、跨部门沟通配合	10		日常资料数据

KPI 四大考核维度清晰后，接下来的重点是如何打分？这是奖罚的基础。仍以刘经理的目标责任书为例，其 KPI 的完成情况、完成率和奖罚方法都有非常清晰的说明（如表 4-4 所示）。

表 4-4　刘经理目标责任书 KPI 的打分

KPI 完成情况	对应的绩效完成率
50 分以下（不含 50 分）	0%
50~59 分	30%
60~69 分	60%
70~79 分	90%
80~89 分	120%
90~100 分	150%

公司与刘经理约定：如责任人年度 KPI 完成率平均值在 70~79 分，但责任人在年度完成有效销售额 250 万元以上，公司补足以 3000 元／月基数差额的 KPI 工资。

最后，总经理、部门经理和责任人签字。如此，一份完整的基于 KPI 工资的目标责任书的签订就完成了。但签订并不等于就完成了考核，最重要的是过程中的经营管理，以及过程中对考核的四个维度的运用。

如表 4-3 所示，业绩就是我们阶段性的工作成果。能力既代表我们先天的能力和努力，也代表我们掌握知识的程度以及解决问题的能力。热情用努力表示。思维方式用思维态度表示。另外还有一个量化的指标，比如每个月的销售达到约定的绩效，如表 4-2 中 5 月份的 20 万元，少 1 万元扣 10 分，最多扣 40 分。如果刘经理的业绩少于 16 万元，这 40 分就没有了。将这 40 分对应到 KPI 考核中，就是 3000 元。有奖有罚的机制下，如果被扣了 40 分，处罚就比较严重，如果做了 80 分以上，3000 元最多可以变成 4500 元。这就是考核增长，设定的目的是根据员工现有的能力比如至少能够做到16万元，要求最好做到20万元，这个就是考核的目标。

因此在设定目标的时候，不是根据现在的能力而设定，是根据以后能够成长的能力来设定的。

KPI管理工具还有一个功能，就是个人可以自己设定工作目标，企业管理者或高管也可以给员工指定工作目标。例如可以在KPI管理计划这个栏目选择某个员工给他设定KPI的工作目标。有时候计划没有变化快，比如我们在计划的时候不知道有重要的工作，而后面重要的工作产生之后，管理者有权通过这个工具给某个员工设定工作目标。

第三板斧　超额利润奖金

什么是超额利润？顾名思义，公司把基本利润通常作为经营目标，通过全员的努力，超过了这个经营目标的利润就是超额利润。从中拿出一部分作为团队的奖金，比如30%、40%等。然后按照个人的系数进行奖金的分配，这就叫超额利润奖金。

某智能装备公司是一家生产销售工业机器人部件的公司，生产线上原来采用计件为主的薪酬结构，工人们只管产量，不顾成本。老板顾总一直为生产过程中居高不下的材料浪费痛心。在他看来，公司生产成本的浪费超过了50%，这是吞噬利润的巨大浪费。

导入全员创利模式的薪酬改革后，将生产部门的工资梳理为基本工资+超额利润奖金为主。员工开始关注材料成本，两个月过后，生产成本费用降低接近30%，单位时间附加值也从原来的30元提升到 49 元。因为有超额利润奖金，员工的收入比之前高了，员工们在下料时，也都会精打细算。

这就是超额利润奖金的魅力，使人人成为经营者，每个岗位都成为利润倍增的"发动机"。

超额利润奖金计算方法一

团队奖金 =（实际单位时间附加值 - 预定单位时间附加值）× 总工时 × 30%（超额奖金分配比例）

个人分配系数 = 个人收入 / 团队工资总额 × 100%

个人奖金 = 团队奖金 × 个人分配系数

超额利润奖金计算方法二

公司利润率 = 去年利润 / 去年收入

团队奖金 =（实际收入 - 预定收入）× 公司利润率 × 30%（超额奖金分配比例）

个人分配系数 = 个人收入 / 团队工资总额 × 100%

个人奖金 = 团队奖金 × 个人分配系数

超额利润奖金计算方法一要和当月的利润挂钩，需要每月算出公司的利润。它有三个核心要点：

一是设置一个单位时间附加值作为经营目标，在实际运营当中会有一个实际的附加值，并做一个比较，如果实际的单位时间附加值超出预计的每小附加值，就有奖金；

二是设置个人工资和团队工资的比例；

三是设置岗位系数，比如普通员工的岗位系数是多少，主管是多少，经理是多少，总经理又是多少，可以根据岗位的不同设置一个超额利润奖金的分配系数。

某公司当月设定的每小时附近加值是 50 元，最终达成的每小时附近加值是 65 元，超额的每小时附近加值是 15 元，总工时 10000 小时，得出超额附加值，也就是超额利润 15 万元，超额利润奖金比例是 20%，总奖金是 3 万元，怎么分配呢？如表 4-5 所示。

表 4-5　分配系数型的超额利润奖金分配表

等级	岗位	人数	系数	小计	合计	占比	总奖金/元	个人 KPI	实得奖金/元
7	老总	1	1	1	57	0.0175	30000	100%	526
6	副总	1	1	1	57	0.0175	30000	100%	526
4	经理	1	8	8	57	0.1403	30000	100%	4211
3	主管	4	4	16	57	0.0701	30000	100%	2105
2	组长	3	2	6	57	0.0350	30000	100%	1053
1	员工	25	1	25	57	0.0175	30000	100%	526
备注：非正式（转正）职工，不参与奖金分配，也不计入工作时间。									

如表 4-5 中的数据是根据岗位系数来算的。员工的等级是"1"，组长的等级是"2"，以此类推，老总的等级是"1"。非常明显，副总和老总级的高管，系数也是象征性的，因为他们是股东，他们有利润的分红，特别是有公司利润的分红，这是象征性的和员工一个等级进行计算。比如普通员工的奖金系数是 1÷57 约等于 0.0175，再根据个人奖金的占比系数得到 526 元。

在实际操作中，可能会遇到这样的问题：某个人员是经理，他的占比很高，假设他这个月可能因为某个原因不怎么努力，比如因为情绪或者家里有事情耽误了，这样如果不和 KPI 挂钩，他的奖金分配比例就会非常高，就会造成不公平。如果和 KPI 挂钩，他这个月表现不好，他的 KPI 就一定会很低，相对应的超额利润奖金也一定不会高，这样就可以有效解决奖金分配的平衡问题。我们结合一个案例来看（如表 4-6 所示）。

表 4-6　某公司超额利润奖的 KPI 机制

	姓名	固定工资/元	业绩提成/元	固定补贴/元	综合补贴/元	利润奖金/元	积分奖励/元	KPI达成率	出勤率	个税扣除/元	社保扣除/元	工资总额/元
总经办	A	10000	5000	500	500	5000	100	90%	100%	1100	351	21100
	B	8000	4000	500	500	3000	100	90%	100%	809	351	16100
	C	8000	3500	500	500	1000	100	90%	100%	412	351	13600
	D	7000	3000	500	500	1000	100	90%	100%	389	351	12100
	E	5000	3500	500	500	1000	100	90%	100%	356	351	10600
推广部	F	6000	2000	500	500	1000	100	90%	100%	355	351	10100
	G	4000	1800	500	500	1000	100	90%	100%	41	351	7900
	H	3500	1500	500	500	1000	100	90%	100%	37	351	7100
	I	3500	1500	500	500	1000	100	90%	100%	37	351	7100
销售部	J	6000	2000	500	500	1000	100	90%	100%	355	351	10100
	K	4000	1800	500	500	1000	100	90%	100%	41	351	7900
	L	3500	1500	500	500	1000	100	95%	100%	37	351	7100
	M	3500	1500	500	500	1000	100	89%	85%	37	351	7100

超额利润奖金是考核团队的利润，KPI 工资考核的是个人的工作绩效，评价的是员工个人创造的价值。

当企业不能准确算出当月的利润时，就选择"超额利润奖金计算方法二"。比如一些工程性的企业，它的收入是可以明确的，一个月有多少收入能够确定出来，但是它的费用却不能够结算出来，这样可以先根据正常经营的数据，算出原来的利润率，然后再用实际收入减去预定收入，超出的收入乘以前面算出来的公司的利润率，然后再乘以分配比例，就得到了团队的奖金。

到底选用方法一还是方法二，可以根据企业的自身情况进行选择。

鼓励内部创业的薪酬体系可实现双赢

内部创业可以点燃整个团队全体员工的积极性，一起努力，共同承担风险，共同收获高回报。

内部创业和外部创业有本质上的区别。外部创业九死一生，而内部创业十个里有九个都能获得成功。所以，全员创利薪酬体系鼓励内部创业。我们来看具体的例子。

三个朋友总共筹资100万元开了一家公司，租了一个几百平方米的办公场所，只办公室装修、房租、押金就花掉几十万元，买设备和电脑又花了几十万元。招了十几个员工，一个月的工资成本也有十几万元。

公司尚未开张，100万元就花光了。于是几个人决定增加投资，再投50万元进来。但其中有人不乐意了，要求退股。

三个人不欢而散，不仅亏了几十万元，而且最后关系闹僵，连朋友也做不成了。

这就是外部创业的弊病。对于大部分企业家来说，几十万元不算多，但对于打工者来讲，那就是辛辛苦苦好多年攒下的积蓄。

有一句话是这么说的：能承担多少责任就能承担多少财富。

老板和员工最大的区别在于老板要承担亏损，员工不用承担亏损，所以老板承担的风险和员工所承担的风险是不一样的，高风险才能带来高回报。

因此，只有施行内部创业，才能点燃整个团队全体员工的积极性，一起努力，共同承担风险，共同收获高回报。

我们再来看一个实现内部创业成功的例子。

做完薪酬制度改革之后，某公司的采购主管成功实现了内部创业，现如今他的年薪平均高达50万元。

公司进行薪酬制度改革之后，采购主管的积极性瞬间就被调动起来。以前下午五点半下班时，采购主管就收拾东西准备走人，而进行内部创业后，他天天加班到晚上七点半、八点半甚至九点半，反复研究自己部门的利润增长策略和办法。他发现自己部门有个很棘手的问题，物流费用太高，有什么办法能将这个费用降下来一些呢？

想要把物流费降下来，就需要去找小供应商进行谈判。采购主管对小供应商说："去年我们从你这里采购了50万元原材料，今年的采购量翻一倍，你可不可以把物流费承担了。"供应商一听，欣然接受。于是，采购主管一口气和十几个小供应商签了合同。

然后，采购主管再去找核心供应商谈判，对核心供应商说："去年我们从你这里采购了1200万元原材料，对你的支持力度不少吧。今年老板给我们搞了利润指标考核，今年端午节、中秋节你不要送礼物了，你就帮我们把物流费承担了，可不可以？"

核心供应商说有压力，采购主管就把与小供应商的合同拿出来说:"你看别人都是自己承担的物流费,我们还要不要继续深度合作了?你至少要承担一半吧?"

核心供应商听说承担一半,马上就点头答应了。如此,采购主管成功地为自己部门节省下来几十万元的物流费。老板觉得采购部潜力大,于是找到采购主管说:"从今天开始,公司要对你们进行库存指标考核,去年有3000万元的库存,今年到现在就3000万元了,你不能再超了,超了要罚款。"

采购主管一听,心想:库存指标超了要罚款,那我要是降了,你要不要给我奖励?于是和老板一提,老板一琢磨觉得有道理,于是当即表态。

最终,采购主管将库存指标控制在了2500万元以下,年度所有指标都超额达成。

由此可见,全员创利薪酬体系改革,鼓励大家进行内部创业,会实现很好的平台和资源整合,内部创业者和公司双赢。

薪酬改革既要有个人目标，又要有团队目标

薪酬结构的设计一定要兼顾个人利益和团队利益，而且这个目标一定要合理，有可实现性。

如果一个企业只有个人绩效考核，大家各顾各的，就会让整个团队变得涣散。各部门间的想法无法传递，经验无法沟通，资源也无法流通，团队成为一盘散沙。

因此，薪酬结构的设计一定要兼顾个人利益和团队利益，这就是分中有合，合中有分。换句话说，既要有个人目标，又要有团队目标。但这个目标一定要合理，有可实现性。

个人目标

比如：完成三米高的跳高任务，奖励 10 万元。虽然奖金很诱人，但跳三米高对大多数普通人来说有难度。在企业中，类似的工作任务，员工觉得不可能，就不会去努力。相反，完成从 0.5 米高的跳高任务，奖励 1 元钱，员工也不会去努力，因为这个目标很低，很容易达成，但奖金太少，激励的力度不够。

所以，低目标不行，一味追求高目标也不行，要有较合适的中目标。比如完成 1 米高的跳高任务，奖金 1000 元。这个奖金有一定的吸引力，难度也

不大，大家会跃跃欲试。

团队目标和奖励机制变革

设定团队目标的关键要点是奖励机制：奖励的一定是团队，而不是奖励个人。

团队有两种类型，一种是哑铃型，另一种是A字型。哑铃型团队两头强大，优秀的人很多，中间弱的管理层人数相对少一些，但这个群体的力量十分强大，所有才挑得起两头。A字型团队实际上还是科层制的结构，下面底层人数多，上面尖尖上人数少，管理层的力量相对较为薄弱。

A字型团队是很危险的，因为尖尖上的优秀成员一旦离开，整个团队的业绩也就坍塌了。所以，整个组织最好的状态就是中间层强大的哑铃型。

来看一个例子。

熊大和熊二都喜欢吃蜂蜜，于是两人相约进行一场养蜂比赛。一年后，熊大养的蜂产了20公斤蜂蜜，熊二养的蜂产了5公斤蜂蜜。熊二明显输于熊大。熊二不服气，说熊大作弊，熊大说没有作弊。熊二纳闷地想，同样做了绩效考核，为什么熊大的蜂产了20公斤蜂蜜，自己养的蜂却只产了5公斤蜂蜜。

于是熊大问熊二，你究竟是怎么做绩效考核的？

熊二说："我每个月对1000只蜜蜂中的前10名优秀的蜜蜂进行奖励。"

熊大说："你这个办法不行，最多只激励了前30名的蜜蜂！我是将1000只蜜蜂分成100个小团队，每个小团队10只蜜蜂，进行独立核算，每个团队都有自己的目标，目标又分成了高中低三档，他们只要达到自己的低目标，就会去做更高的目标。这样，1000只蜜蜂就都被我激励了，每个团队之间还会优劣互补，年少力强的出去采花蜜，身体不好的就在后勤团队搞后勤，最大限度地发挥出所有蜜蜂的潜力和资源。而且团队之间还会资源共享，比如说某蜂发现了一片正在开花的油菜花地，马上就会分享给团队其他成员，因为只有他们团队目标达成了才有奖励。

这就是奖励团队和奖励个人的区别。全员创利的奖励机制是奖励团队，利润目标也是团队利润目标，而不是个人利润目标。

全面薪酬改革，逆势增长

思维决定了行为，行为才能改变结果。渝三刀的变革行动终使它摆脱亏损的困境，走上高速发展之道。

这一节，我们以一个实际的案例来全面理解，如何通过全面薪酬改革，去做到逆势增长。

在重庆有一家曾亏损比较严重的火锅店，最初也只有12名员工，通过导入全员创利模式后，不但将自己的门店扭亏为盈，而且从最初的一家门店，发展成拥有六家直营门店，十几家加盟店的极具发展潜力的餐饮企业。

这家名叫渝三刀鲜火锅的企业，之前的现状是：员工之间配合度不高，抱怨大、牢骚多；员工工作不开心，缺少笑容，服务热情度不高，离职情况频繁等问题。此外，员工的节省意识淡薄，浪费严重。总而言之，就是"除了没人疼，其他哪都疼"的问题。

通过前期培训学习和沟通后，渝三刀鲜火锅总经理冷长兵先生决定先在薪酬方面做改革。原来员工拿固定工资，大家得过且过，对利润漠不关心，只有老板一人操心进货成本，操心客单价的利润。变革的具体做法是将原来的固定工资降低一些，相对应地设计了一套业绩提成和超额利润分红的分配模式。通过改革，让整个员工的经营意识有了明显的提升（如图4-1所示）。

第四章 薪酬改革

利润型薪酬改革
- 降底薪：降低全体员工基本工资。试行一个月磨合。
- 考业绩：营业额作为主要考核，达成享受提成。低目标更容易实现，员工很有安全感。高目标，大幅提升员工赚钱的可能性。
- 分利润：设定目标，达成后全员分红。门店财务报表公开。

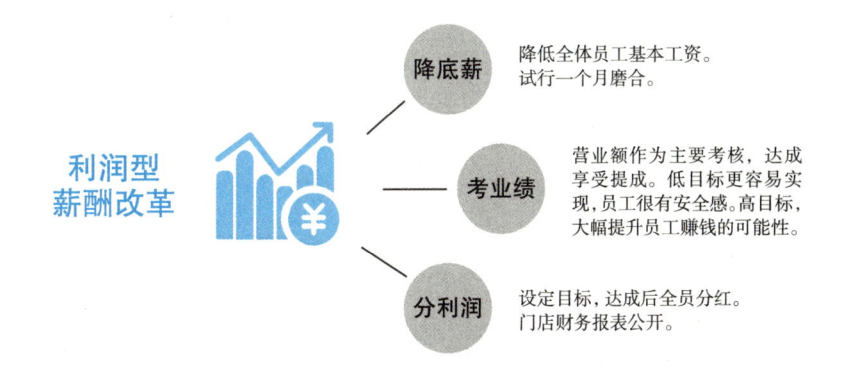

图 4-1　渝三刀鲜火锅薪酬改革示意图

第一，降低全体员工基本工资。服务人员从以前的 4000 元降到 2800 元，改变以前旱涝保收的状态，另外 500 元进行 KPI 考核，200 元进行哲学积分奖金。

第二，考业绩。营业额作为主要考核的目标，通过努力完成业绩目标后，立即享受超额部分的业绩提成，再加上超额分红机制，大幅提升员工赚钱的可能性。

这里面有一个核心细节，就是制作门店核算报表。整个火锅店分成前厅和后厨两个部门进行独立核算，每天统计每个班的收入、支出、费用和利润情况，并召开业绩分析会，进行早会，每天都对员工进行数据公布。

这样做带来一个巨大的好处，就是员工的成本意识大幅改变，店长主动更换卫生纸（四层更换为两层），厨师长主动提出找寻新的原材料（例如：牛肉），员工开始有意识地随手关灯（洗手间、大厅等），注意开空调、开灯的时间，控制能耗（例如：没人、客人不多的情况，不开空调），主动回收菜单再次使用。后厨也开始注意减少浪费，回收边角料做员工餐。

薪酬变革之前，门店一直处于亏损。导入不到三个月，这些看上去不足为奇的改变，真的使火锅店实现了盈利。即使在原料（特别是猪肉）成本上涨的某个月份，也实现了盈利。

第三，分利润。先设定月度和季度利润目标，目标达成后进行全员分红。门店财务报表通过薪酬绩效软件公开，确保公平公正。

薪酬变革的成功，为火锅店带来了以下新现象：

（1）团队凝聚力增强了，员工的抱怨和牢骚减少了。员工与员工之间，从不愿意帮助别人，变成了乐于助人。

（2）员工的积极性、热情度提高了，员工的欢笑声多了。在工作中多了很多欢笑声。在对客服务的过程中，热情度有明显的变化。管理人员安排工作的难度减轻了。一些工作还出现了抢着干的现象。

（3）之前，基本上每个月有4～5名员工离职。招人成为老板最头痛的事。薪酬变革后两三个月来只有一名员工因为其他事情离职。员工稳定性大幅提高，以前员工稍有不满意就离职，说不上班就不上班。如今，员工就算有离职的想法，也会反复考虑。

薪酬方案取得成功后，渝三刀决定再向前一步，上线了薪酬绩效软件。通过数据实时公开、共享机制，员工可以在手机软件里时时查询个人积分排名，比如业绩、费用、利润等数据，并且可以时时查看个人收入变化，每天算账，每月兑现（如图4-2所示）。

薪酬绩效软件带来的新变化，体现在以下两个方面：

其一，全员核算能力增强了。员工开始关注产品毛利润、利润的计算方式（例如，凤爪的出品量、牛肉的出品量）。员工开始关心进货价格（当价格浮动较大时，会提出疑问，而不再是漠不关心）。员工在菜品制作过程中，不只是从口味的角度考虑问题，也会从成本的角度考虑问题。

其二，大家每天都在盘算营业额。员工每天都要关注，昨天卖了多少钱，这个月一共卖了多少钱。快下班时有客人来，以前不愿意接待，变为愿意接待，热情地接待。而不是因为快下班了，用怠慢的态度赶人走。

图 4-2 渝三刀鲜火锅薪酬绩效软件示意图

渝三刀通过导入全员创利模式，通过薪酬变革，净利润大幅增长，2020年 4~6 月对比去年同期增长 2~3 倍。2020 年 4~6 月对比 2019 年 9~11 月全员创利模式刚刚导入时，净利润增长 1 倍多。新冠疫情后，餐饮业、火锅业的同行中大多数出现收入减少，亏损等情况，但渝三刀却呈现利润逆势增长的状况。

2021 年，渝三刀开启了快速发展之路，直营门店达到六家，公司还启动了招商加盟的模式。思维决定了行为，行为才能改变结果。渝三刀的变革行动终使它摆脱亏损的困境，走上高速发展之道。

本章思考
THINKING IN THIS CHAPTER

1. 全员创利模式中的薪酬改革的"三板斧"分别是什么?
   _____
   _____
   _____

2. 全员创利薪酬体系改革,为什么要鼓励大家进行内部创业?
   _____
   _____
   _____

CHAPTER 5

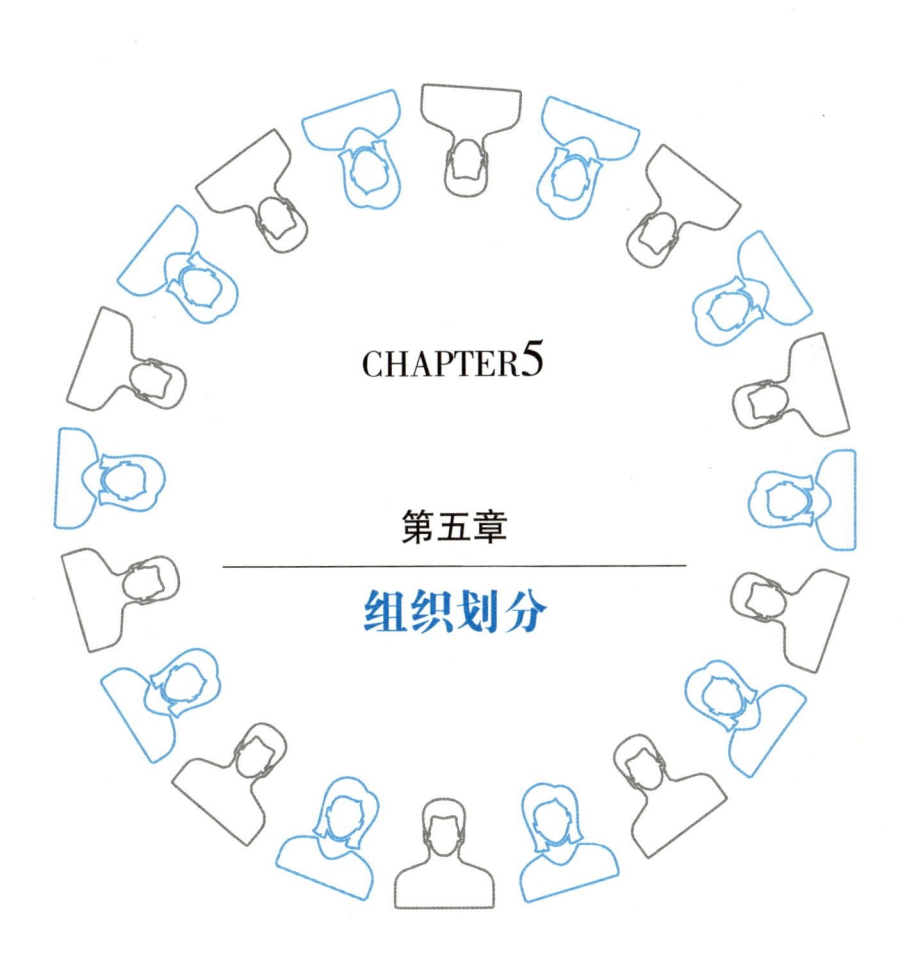

第五章

组织划分

前文提到，《西游记》中孙悟空斗妖遇到困难就会拔下一撮毫毛，变出一大群分身抵挡对方的进攻。这是最典型也是最形象的"组织划分"。作为老板或企业高层管理者，迎接企业转型升级的挑战时，也应该像孙悟空一样，拥有自己的众多分身。

全员创利模式组织划分，就是打破企业内部陈旧的组织现状，向扁平化、网络化的组织结构转型，使组织变得更轻、更快、更简单、更灵活。与此同时，上下级之间、每个部门之间都变成市场关系，相互是市场合同，从组织内部释放出巨大的活力。

本章核心内容包括：组织划分的两大类型、组织划分的四个原则等。

第五章
组织划分

在笔者的学员中，经常会提出这样的问题："老师，我的公司人不多时，我整个人很轻松，没有那么累；当公司发展到两百多人时，我就感到力不从心了。这是为什么？"遇到这样的问题，我通常不会直接回答，而是进一步追问："哪些方面让你感到累？"学员接着说："主要是两个方面，第一销售下滑，大部分人不着急，就我一人着急忙；第二就是成本高，大部分人对此也熟视无睹，一副事不关己的样子。你说我能不急吗？销售下滑和成本高，直接导致利润下滑。"

企业创始人或领导者的首要任务是带领企业做增长，做增长就要打胜仗，这是首要职责。如果你不知道应该怎么增长，就不是一名合格的领导者。从这个侧面也可以得知，你在领导力上面出问题了。增长是经营管理永恒不变的话题，尽管看上去很复杂，但仔细思考一下却发现，所有的增长都可以归纳为以下两种类型。一种是向外增长，另一种是向内增长。

向外增长是直面外部市场，开疆拓土，向内增长是直面企业内部，降本增效。

无论是向外还是向内增长，这只是两个增长方向，真正能够实现增长的是企业战略。作为领导者，你必须要从战略层面保证增长，上至高管下至一线员工，全部围绕增长来开展工作，全员思考"10-9=1"这个公式怎么做？要营收做到20吗？按惯性思维，10变成20，企业要投入更多的厂房和更多的人力、物力。这种靠规模化投入的增长模式过于传统，而且新增的投资的风险太大。

有没有四两拨千斤的创新增长模式呢？答案是肯定的。就像孙悟空拔下一撮毫毛变出一大群分身一样，我们通过组织划分的创新，细分经营小组，在不进行大规模的厂房、人力和物力投入的前提下，实现利润倍增。在哈佛商学院的课上，张瑞敏指出，"当年我们砸了冰箱，现在我们砸了组织，我们砸组织这个举动比当年砸冰箱要艰难得多，而且意义也深远得多。"海尔从传统科层组织到人单合一的网状组织，再到创客型组织，一路走来的成功转型长级，都是从组织形式做出创新，来回应时代的变化，并获得业绩的持续增长。比如：海尔手机业务的印度事业部，将原来分散的、割裂的各部门的为印度大客户服务的人员，组织成一个共同的团队，专门为当地客户创造高价值的手机。经过这么重组后，海尔向印度市场出口翻了一番多，当地海尔手机的销售收入也增长了89%。

今天的华为非常成功，已成为家喻户晓的全球领先企业，它能取得今天的成绩，是源于早在创业初期，任正非就为其设计了独特的全员占股的组织模式，这样的组织机制，可以让华为的员工获得公司利润的分享，因为享有分红权反过来极大地激发了员工的创造力，进而在全员共同努力下推动华为事业的发展。

现在，我们来回答前面开篇时学员的问题：当公司发展到两百多人的时候，为什么感到力不从心？

创业初期，公司规模小的时候，利润率通常都很高。这样的企业才能健康发展，做强做大。但几年后，公司做大了，却发现利润率反而变低了。这是因为公司小的时候，只有20名员工，老板这个"超人"业务能力超强，他罩得住。当公司发展成200人时，公司还是只有"超人"老板这一个经营者。以前是"1"带"20"，"1"的动力和能力绰绰有余，现在就成了"1"带"200"，你就是超级火车头，这个"1"也带不动10倍的重负啊。所以，老板感到力不从心。这是必然的结果。

随着公司发展不断招聘员工，你增加的不只是员工，很有可能增加的是成本。你招了一帮人来花钱，而不是来赚钱的，你当然力不从心。企业发展壮大后，需要的不再是"超人"老板，而是一套先进的经营模式，让每一个员工都跟老板一样，人人成为经营者。当200人变成200个经营者，招进来的新员工都是赚钱的人时，企业发展更上一层楼无疑是水到渠成的事。

全员创利模式致力于"将猛虎关进笼子里"，将陈旧的管理模式彻底摒弃。出发点是将员工的创造力和创业热情充分释放出来，实现"人人成为经营者"的目标，为企业发展开拓更为广阔的空间。我们的研究发现，在科层级企业里，大家都在用"老板""总裁""管理人员""副总裁"这样的称谓，而在网状组织中，大家用得最多的是"合伙人"这个新称谓，比如"人力资源合伙人""产品合伙人""销售合伙人"等。称谓的改变，颠覆了过去的职能组织体系，颠覆过去"职能上级""职能部门"的机制，上下级之间、每个部门之间都变成市场关系，相互是市场合同，从组织内部释放出巨大的活力。

全员创利模式组织划分，就是打破企业内部陈旧的组织现状，向扁平化、网络化的组织结构转型，使组织变得更轻、更快、更简单、更灵活。

组织划分的两大类型

所有的创业者和企业家在当前的环境下，都应该认清这样一个基本事实：企业拼的不只是资本，拼的是组织的力量。

随着社会的高速发展，互联网将一切都变得容易，也将一切都变得复杂。今天，企业之间的竞争越来越大，也越来越残酷。

所有的创业者和企业家在当前的环境下，都应该认清这样一个基本事实：企业拼的不只是资本，拼的是组织的力量。过去那种金字塔式的、科层式的垂直组织结构正在被颠覆。组织的边界，将围绕三个方向进行重构：一是围绕用户打破组织内外边界，重构以用户为中心的组织型态势；二是围绕员工打破领导与被领导的边界，重构"人人都是CEO"的创客型组织；三是围绕组织扁平化与网络化，打破科层边界，不断细分业绩单元，不断将经营责任落实到个人和小团队。

全员创利模式下，组织划分的小组织分为两大类，一是利润型小组织，二是非利润型小组织。一般来说，利润型的小组织由于追求利润优先，所以对外具有较强的扩张欲望；而非利润的小组织则相对稳定，对外扩张的欲望很低。

利润型小组织

利润型小组织必须在规定时间内完成企业既定的利润目标，所以，既对收入和利润负责又对成本负责。其特点如下：

独立性——在企业内部，利润型小组织拥有相对独立的经营决策权，在产品销售、原料设备采购、人员招聘管理等方面均享有较高的自主权。

获利性——以盈亏金额来考核其最终目标的达成情况。

利润型小组织的主要目的是打造机动灵活、能够自主经营的小型实体，使企业在获得规模效应的同时兼具生产经营的灵活性。

在韩都衣舍，每个小组高度自治，款式选择、定价、生产量、促销全都由小组自己决定，小组提成根据毛利率或者资金周转率来计算，毛利和库存成了每个小组都最关注的两个指标。因此，在韩都衣舍的网店里，并不会有统一的打折促销，而是每个小组根据自己商品的情况做出促销决策，以保证毛利率和资金周转率。

网店首页报资源，他们有一个内部资源市场化的机制：成立6个月以上的小组，可以竞拍位置；成立6个月以内的，首页拿出专门的位置，让大家抢，谁手快谁抢到。

最重要的财权在韩都衣舍也完全放开，每个小组的资金额度自由支配，而这个额度又与小组的销量直接挂钩，卖得越多，额度越大，最高可以自由支配上个月销售额的70%。比如上个月某小组卖了500万元，那么这个月该小组可以用350万元再去下新的订单。

韩都衣舍对各个品类的小组还有一个排名机制：前三位的会得到奖励，后三名的会被打散重组。如此，每个小组织都是一个竞争因子，几乎就是一个小公司。

非利润型小组织

非利润型小组织，只对其成本负责。追求成本最小化，即企业划定的成本和小组织实际成本之间的差异，就是该小组织的收益。一般来说，可控成本具备三个特点：

- 可预测
- 可计算
- 可控制

非利润型小组织的主要目的是促使员工从"为老板工作"转变为"为自己工作"，全面激活企业发展潜力，同时培养更多与企业整体发展理念相一致的新一代经营型人才。

当然，对非利润型小组织，企业要做不是一味地降成本，而是追求品质、生产品质、服务品质，品质定生死。所以，进行组织划分时，一定要在企业内部形成一个内部市场。内部市场与外部市场的区别在哪里？外部市场是一个实际的市场，是向外增长的主要途径。与此对应，内部市场就是企业内部降本增效的新战场，其本质是要形成一个虚拟市场，用市场竞争机制激活成本意识，提升经营能力，促进企业整体竞争力的不断增强。

如果一旦要求大幅度降成本减预算，就必然带来质量的急速下滑，产生不良后果。例如，培训中心是非利润型小组织，它的预算是50万元/年，如果大规模减少预算，那么，培训课时数必然随之锐减，培训质量自然难以保证，后果是企业的人才队伍难以为继，更不要奢望打造顶尖人才队伍。

组织划分的巧妙之处是，很多非利润型小组织，在特定条件之下，可以转化为利润型小组织。例如，公司的财务部门原本定位是非利润型部门，当它能与内部市场竞争时，就会转变思维模式，开始去想如何创造利润，比如合理地降成本，寻找低风险高价值的公司理财产品，通过一系列的组合拳，一年下来，财务部门居然成为利润贡献者之一。

我们再来看一下案例。

蓝天通信坐落于上海极具现代都市之美的陆家嘴，该公司成立于2010年，目前有员工70人，营业额高达1.3亿元。在导入全员赢利模式之前，员工之间利益分配不均，没有达到多劳多得的效果，员工积极性不高，而且成本意识和利润意识淡薄，对公司盈利与否关心者不多。

对已成立10年的"老公司"来说，如果按这样的现状发展下去，很可能在不久的将来，就会将公司积累了10年的利润消耗空。摆在领导者面前急需解决的问题是，经营管理如何更上一个台阶？

2020年，该公司决定导入全员创利模式，首先做的第一个动作，是划分小组织。经过7个月的落地运行，有了很大的转变和成绩。公司整体业绩增长率同比增长8%，全员降本增效的意识空前统一，年底全年管理成本比年初预算减少19%。

他们是怎么做到的呢？

首先，员工思想发生了重大转变，开始从以前的"你推我，我推你"到现在积极主动争取项目机会，竞聘上岗，使得年底的岗位竞聘完成率达到了85%，竞聘失败的人员随后也在积极提升自己，公司整体呈现一个良性竞争的环境。

以前各个部门的财务报表，只有老板关心，现在通过小组织独立核算，管理层和员工第一时间知道项目的盈利情况，及时发现问题，给出相应的对策，大大提高了产效，实现内向式增长。

其次，节能增效意识空前强烈。这体现在两个方面，一是开会效率明显提高，以前公司周会、月会，各个部门的人集中开会，各执己见，往往很难获得解决方案。推行小组织后，重新整顿公司周会、各个项目组经营分析会、项目进度会、安全生产会等各种会议流程和制度。要求参会人员提前整理好会议主题和解决方案，会上只讨论解决方案的可实施性以及困难点支撑。高效开会所产生的效应，使公司整体的工作效率得到明显提升。二是各个部门主动要求提高人效，降低成本，增加利润，仅办公纸张成本就减少了10%，办法并没有什么高科技，而是工作中需要打印的文件经两次以上确认后再打印，公司废纸回收量逐月减少。

蓝天通信给我们这样的启发：老板不能给员工做盈利的包办人，经营与生产的"细胞"越微化，小组织越细分，就越能向企业这个大组织注入新的活力与动力。

组织划分的四个原则

组织划分可以理解为画地图，为你落地全员创利模式精准导航。

组织划分可以理解为画地图。我们要去某地旅游，首先要看地图。地图是原则性的东西，不会有任何一丝一毫人为随意添加的成分，所以我们相信它，愉快地出发，而且往往不会走偏了。小组织划分的原则就是这样的一份"地图"，为你落地全员创利模式精准导航。

交易原则

组织的划分其基本前提必须是交易简单、核算简单。因此，在划分小组织单元时，需要重点考量各个小组织之间的内部交易、核算办法和核算体系的运行模式，力求简单方便、易于接受，使每一位小组织成员都能够完全清楚自身的职责。

与此同时，小组织对自己的收入和支出拥有完整的控制权，具备买卖的基本功能。如果一个部门生产的产品没有定价权，也没有选择客户的权利，那么它的职能就是不完整的，也就说明不具备完成交易的能力。在这种情况下，全员创利模式难以落地。

成效原则

推动组织划分，既要解决传统的组织架构面临的一系列突出问题，又要短期内在实现增加收入、降低成本等方面获得显著成效。这就要求在组织划分过程中，需要充分考虑各小组织的责、权、利并加以清晰界定，也就是在保持小组织基本功能完备的前提下，最大限度地追求最优化经营单元。如此，才能够衡量每个经营单位的"单位时间附加值"，进而努力追求"产出最大化、成本最小化"的经营目标，确保企业以最低的成本获得最高的收益。

比如某电商公司：产品小组如果觉得之前对应的摄影小组不够好，那就换一个摄影小组。如果觉得生产部某个小组协调得力，就会分配更多任务，那么这个小组就会有更多收入，也会更有动力。

领导者原则

小组织的领导者，除了要求具备一定的经营管理能力之外，还必须为全体员工物质和精神两方面谋幸福，同时为全社会做出自己力所能及的贡献。这个原则的核心是坚定践行"作为人，何为正确"的理念。

京泰药业公司成立于2014年，目前旗下拥有直营门店33家，加盟门店70余家，公司在职职工120余人。该公司导入全员创利模式后，他们发现有一些门店的店长并不积极。比如某分店的王店长参与度一直很低，结果导致其所在的小组织最终被解散。

事后，看到别的小组织盈利渐丰，而自己又回到普通员工的层次，王店长进行了反思，思维方式随之发生了很大转变，主动参与到全员创利模式的学习之中。她说:"当我们领着一个月几千元的薪水的时候,有时也会抱怨活多钱少,但如果有一天我们自己当上了老板,给别人发工资时,我们也会开始衡量如何将自己的成本降到最低。我前面的错误是太过于现实了,缺乏经营意识。"

随后,王店长重新加入小组织划分的竞争和竞聘,且成功地重新上岗。不久之后的母亲节感恩活动中,她不但要求导购们回家帮母亲洗脚。而且将她自己的母亲请到店里来,在早会上当着导购们的面,亲自帮母亲洗脚。她说:每个人无论生活、学习还是工作,都要深怀感恩之心,如果对自己的父母都不懂得感恩,更不可能感恩他人,感恩公司。

到年底时,王店长所领导的新门店,成为公司内部业绩突出的十佳门店。她身上的变化,诠释了小组织领导者原则的重要性。

大局观原则

虽然推行了全员创利模式,但是并不意味着公司对该部门已经失去了控制权。无论如何,该小组织都是企业的一个组成部分,是为实现企业的长远战略目标而服务的,这就是大局观。当公司需要调整相关的经营管理政策时,该小组织始终坚定不移地加以配合,其生产经营活动要符合公司的整体发展战略。

如果小组织的划分,最终导致企业的生产经营管理活动出现混乱,或者各个小组织无视企业的集体利益,一味为了本部门利益"争权夺利",各自为政,成为一盘散沙,难以完成企业既定的战略目标,那么就要及时反省、调整小组织的划分模式。

组织划分方案

进行组织划分后，体现出各经营小单元的新组织架构图，与公司原有组织架构图之间有什么联系与区别呢？第一，新的组织架构图明确了收支的归属，旧的组织架构图只是管理层级的描述。第二，新的组织架构图不改变原有组织架构组的管理权限和工作汇报流程。两者互不统属，互不影响，并行不悖，和平共处。

组织划分，把"员工"变成"老板"，使人人成为经营者。让全体员工深度参与企业的生产经营活动，使得企业的活力大为增强，全体员工的归属感空前提高。组织划分，以经营哲学为基础确立核算体系，培养具有经营意识的人才，力求打造一个人人都具备使命感的组织模式。具体方案到底怎么做？我们以一个具体的案例进行详细解读。

下图就是××公司的组织划分架构图（如图5-1所示），大部分行业的组织划分都可以在此基础上进行转化。

首先，来看全员创利模式下小组织的概念都是相对的。一般来说，我们把公司叫作一级小组织，将公司下属的各个部门称为二级小组织，将分部门下属的各个班组称为三级小组织。各个小组织层级之间并没有绝对的大小之分，名称也可以根据各自企业的特点起名，比如在阿米巴经营中叫一级巴、二级巴或三级巴，在合伙人模式中，称之为不同的合伙人，主要目的还是为

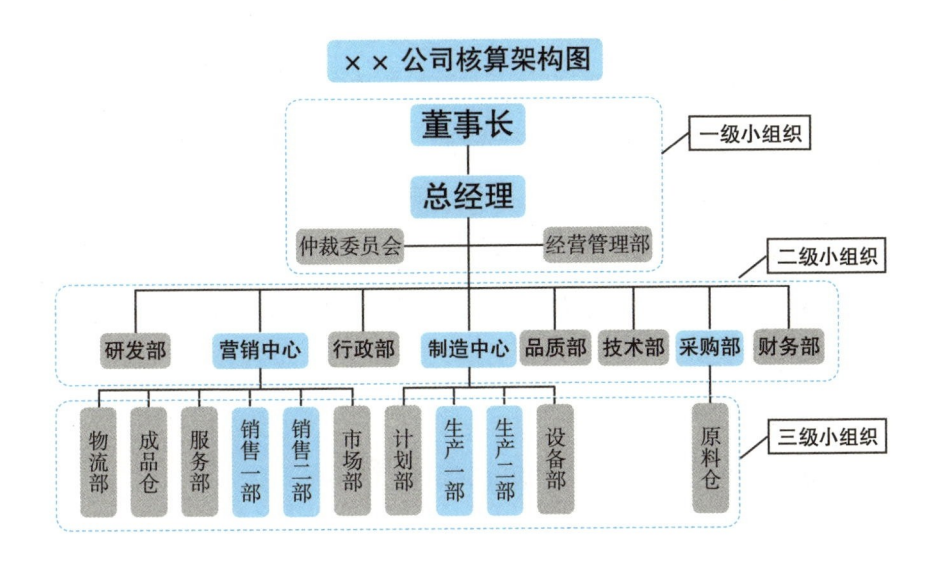

图 5-1　××公司的组织划分架构图

了方便加以区分。

其次，一级小组织里面设立的两个相对特殊的部门：仲裁委员会和经营管理部。这里需要注意一个问题：这两个机构均是兼职的，不需要公司去招募相关的员工，其主要成员都是由一级小组织原有的管理者来兼任。

新旧组织架构图的联系与区别

进行组织划分后，体现出各经营小单元的新组织架构图，与公司原有组织架构图之间有什么联系与区别呢？

第一，新的组织架构图明确了收支的归属，旧的组织架构图只是管理层级的描述。在新的组织架构图中，经营管理中的核算三要素，收入、费用和工时，清清楚楚，各级小组织都有了账本，工作不再迷糊，同时也能有效杜绝发生"崽卖爷田不心疼"这种只令老板心痛员工漠不关心的事。

第二，新的组织架构图不改变原有组织架构组的管理权限和工作汇报流程。两者互不统属，互不影响，并行不悖，和平共处。

例如具体到公司的某一位员工，他以前归谁管理现在还是归谁管理，但要想了解这名员工的收支、附加值等经营性要素，就要打开小组织划分的架构图来查看，而且在这个新的架构图中，可以看得一清二楚，一点假都逃不了你的火眼金睛。

利润型小组织和非利润型小组织具体划分方案

小组织的独立核算，通常都是从二级小组织开始的。

我们注意到，图 5-2 中有灰色部分和蓝色部分。那么灰色部分是做独立核算，蓝色部分是做非独立核算。

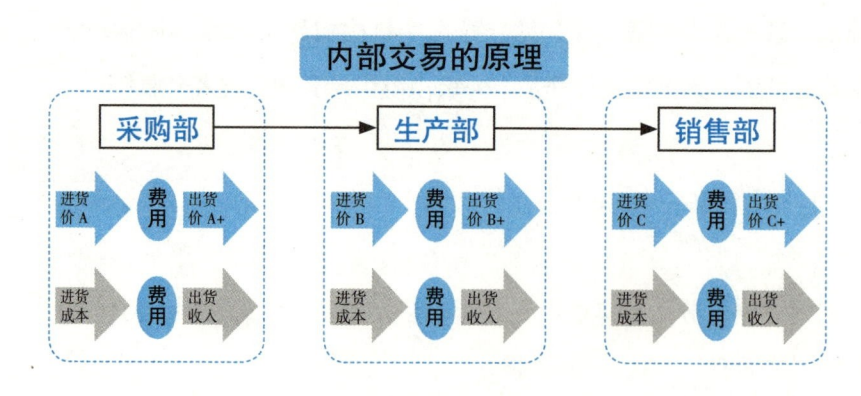

图 5-2 组织划分后内部交易原理示意图

结合多年的经验积累，我们总结出做独立核算的部门就是一句话：产品流通的部门一般做独立核算,其他部门就是为这些部门提供一系列服务的。那么,这些推行独立核算的部门,也就是之前提及的利润型小组织,它们的利润是从哪里来的呢?

这里的利润是指财务会计中的利润呢,还是指经营会计中的利润呢?答案是财务会计里面的利润。

公司采购部的利润不是源于它卖给生产中心的产品价格是否高昂,而是源于它不断去降低采购成本,从而直接为财务会计实现利润的增长。

同样的生产中心的利润也不是源于卖给销售的价格是否低廉,以及从采购部购入的产品的价格是否低廉,而是直接源于降低生产成本,减少浪费,节能降耗,提高生产效率,提高产品的合格率,从而为财务会计直接增加利润。

而销售中心的利润,也不是源于从生产部采购来的产品价格是否低廉,而是源于它不断去提高卖出产品的价格和增加卖出产品的数量,从而为财务会计增加利润。

结合上面的分析发现,这三个部门都是从财务会计层面,去判定其利润型经营体质的。利润型小组织和非利润型小组织到底怎么划分,以下一一举例说明。

设备部　设备部主要的工作就是维护保障生产机械的正常运转,那么假如把设备部作为独立核算的分部门也就是利润型经营体,会导致什么样的结果呢?积极鼓励设备部去增加部门的利润,那么就要增加他们的工作量,也就是增加维修机器的数量,来提高该部门的收入水平,进而提高他们的利润率。

那么,最直接的结果就是,本来可以一次修好的小问题可能会反复修理好几次,随之而来的是机器设备的故障率不断提高,设备折旧率攀升,而工厂的生产效率不断下降。最终的结果就是设备部的利润越来越高,而公司的成本高,整体效益就开始不断滑坡。

品质部 假如将品质部进行独立核算，鼓励他去增加利润，那么该部门的工作就是检查产品是否合格。该部门检查出来的不合格品越多，他的收入就会越高。所以如果把它作为利润型经营体，鼓励他们增加利润，他自然就希望生产出来的这些产品质量越来越差，你的质量越来越差，他的收入就会越来越高，那么他的利润方向有没有和公司的利润方向保持一致呢？显然没有。

品质部的核心职责是协助生产部不断提高产品的合格率，提高生产效率。而不是没事找事地刷存在感，好像我不找出点产品质量问题来，其他人就当我不存在了。

所以，像设备部、品质部这一类分部门是不能推行独立核算的，不能把它们定位成利润型小组织。定一个部门是不是利润型小组织，是从财务会计还是从经营会计角度去看呢？答案是财务会计。

类似设备部和品质部这些非利润型小组织，应该怎么去考核它们呢？其实就是一句话：和它的服务对象绑定在一起。它是为谁服务的，它的服务对象的经营状况指标，就是它们小组的经营核算的指标。比如说设备部，设备部就是为整个生产中心提供服务，所以它就跟生产中心绑定在一起。理论上来说，生产中心的经营状况不断改善，即便你天天在单位睡大觉，也可以默认设备部表现优异；反之，如果生产中心经营状况不断下滑，即便你天天忙得满头大汗，也只能认为你的表现不合格。

所以，非利润型小组织，一定要将它和它的服务对象绑定在一起，不单独考核这个小组，而是要综合起来考核它的服务对象。

研发部 研发部情况较为特殊，要视具体情况来确定。整体来看，因为研发部的研发活动是有风险的，有可能你的投入一分钱回报都没有。所以研发部一般要求控制费用不要超标。理想的状况是，如果你能够找到一个方法，根据公司具体情况，从研发出来的新产品销售额中提取一定比例作为研发部的一项收入，则可以极大地降低研发风险，增强公司上下对研发活动的信心。比如说研发出来一款新产品，两年内公司给研发部提成十个点，十个点作为研发部的收入，再减去研发部的研发成本，然后再去核算这项研发的具体收益，以及经营状况。这样的研发部，也可以算作利润型小组织。

仓储部　仓储部是利润型小组织还是非利润型小组织？这要具体看不同公司的策略。比如某公司在进行组织划分时，把原料仓分给了采购部门，因为仓库里面放的都是原材料；把成品仓划归销售部门，因为在实际工作中，管理者发现很多业务员以及销售平台根本就不知道自己仓库里面有哪些货，有多少货。将成品仓划归销售部门后，销售员可以直接查到仓库的数据，此举解决了一个大痛点。我这样的新组织架构图中，成品仓的物品费用全部划归销售中心，也就是说只要产品生产出来，一进入成品仓后，所有的费用全部由销售部门承担。因为产品进了成品仓后生产部门的任务就结束了，此后售卖产品的工作自然应该归销售部门，所以相关仓储费用划归销售部门。

比如：某款产品已经上市了十几年，目前已经发展到了第九代。但存在一个严重的问题，第一代的产品还大量堆积在仓库里，而业务员一味只关注市场上哪些产品热销，就追着生产部门下单生产。至于为什么大量产品生产出来却卖不出去，销售员们则不管不问。

大量产品堆积在仓库里难以售出，其本质上是现金流的积压。这些产品放在仓库里的时间越长，它的价值越会不断下跌，其实也相当于公司的资产总额在不断地亏损，不断减少。所以，如果某些产品在仓库中积压时间过长，比如说三个月没卖出去，六个月依旧卖不出去，就必须计算一下资金占用的成本，将资金占用成本划归销售部。

导入全员创利模式，进行组织划分后，成品仓划归到销售部门。销售员看着堆积如山的库存，急起来了，因为仓储管理成本和资金的占用成本归本部门，于是纷纷想办法多卖货。成品仓里原本滞销产品重新动销起来，这就是小组织划分的价值和意义。因为考核方式的改变，销售部必须去想办法解决库存的问题。

同理，原因料仓中的库存属于原材料的范畴，而原材料也需要考核它的周转率，核采购部门占用的资金情况，有没有超支的问题。

物流部 物流部是利润型小组织还是非利润型小组织呢？经过调查发现，物流部在核算问题上通常可以分为两种情况：其一，如果该物流部有对外业务，也就是和公司之外的客户有业务上、资金上的来往，就要划为利润型小组织，做独立核算；其二，如果该物流部仅仅是面向公司内部的相关业务，那么，这一部分就是非利润型小组织。

因此，如果坚持让面向公司内部的物流部推行独立核算，往往就会出现本来只有两台车运输的货物，最后变成了三台甚至四台车来运输；本来一天时间就可以送达的，变成了一天半甚至两天时间才能够送达。因为这么做，物流部的收入才会高。但损害的却是整个公司的成本。严重时，形成了恶性循环，极有可能使整个该公司的利润，都被物流部这头"猛虎"吃掉。企业内部的物流部，正确的做法是综合起来考核它的服务对象。

食堂 公司自己建一家食堂，而没有对外承包，完全由公司自主独立管理运营，那么，这家食堂要不要推行独立核算呢？

如果公司致力于推行独立核算，鼓励食堂去追求利润最大化，其实就是在变相降低员工的待遇。比如公司每天给每一位员工十元钱或者二十元钱餐补，因为食堂是利润型小组织，就要把这些餐补全部用完，采购的原材料以及用餐环境上，却又令员工非常不满意。如果食堂不是以利润为导向的，而是服务导向的非利润型小组织，则会想方设法让员工们吃得好，吃得放心，吃得开心，除了饭菜花样多，还可能会再买一些餐后水果。

财务部和行政部　这两个部门是为全公司服务的，所以它们就应该和全公司的经营状况绑定在一起。

小组织迈向成功的三大保障

组织划分只是一种机制，事在人为。万事万物的成功，最后离不开人的成功。所以，我们特别强调人的因素。这就是小组织迈向成功的三大保障。

全员创利模式，将公司分为几个小的单元。每一个单元就是一个小组织。每一个小组织自己进行采购和销售的完整流程，自己有钱花，并且自己做账。为什么有一些小组织成功，而另一些小组织却成为失败的"代价"？

组织划分只是一种机制，事在人为。万事万物的成功，最后离不开人的成功。所以，我们特别强调人的因素。小组织迈向成功的三大保障包括招人、数据和人才。

保障一：组织划分前先招人

组织划分前先招人。没有人，没有干部队伍，老板再英雄，机制再高明，也无用武之地。

招人前，先自我检测评估一下，你们公司管理岗位人员齐不齐？部门负责人有没有一边做管理，一边为完成工作任务而烦恼？人的精力是有限的。如果一名管理者，又要完成工作任务，又要搞管理，他再努力也只会顾此失彼我们第一章中，痛点一"老板像超人，累死也枉然"就是生动的案例。老板如此，管理更会如此。所以，组织划分前先招人，让管理人员职责分明，时间充分，精力充沛，小组织才能运转得好。

保障二：建立数据，并有勇气面对数据

建立数据要以部门为单位，实行责权一体。

建立数据需具备一样东西，那就是勇气。老板要有勇气面对自己的数据，各小组织的负责人更要有勇气面对自己的数据。一旦看到数据不好，要有勇气进行自我批评，积极改善。

保障三：用好企业内部顶尖人才

企业内部的顶尖人才，是小组织成功的保证。切记：是企业内部的顶尖人才。这样的人才既要有魄力，又要能承担责任。

本章思考

THINKING IN THIS CHAPTER

1. 全员创利模式下，组织划分的小组织分为哪两大类？

_____

_____

_____

2. 组织划分的四个原则分别是什么？

_____

_____

_____

CHAPTER 6

第六章

独立核算

企业应先解决"为谁干"的问题,然后再解决"怎么干"的问题,才能够事半功倍。在没有解决"为谁干"的问题之前,就去告诉员工要怎么干,他是听不进去的,只能是事倍功半。

独立核算就是解决为"为谁干"的问题,通过对不同产品线、不同业务部门、不同客户、不同业务员等核算,实现增效降本和增加员工收入的目的,让员工真正理解工作是在为自己干,节省成本是在为自己节省。

所以说,独立核算的核心思想是统一利益,统一立场。没有利益统一,就没有立场统一;没有立场统一,就没有真正的团队。

本章核心内容包括:七种独立核算的方法、独立核算的经营会计制度等。

第六章
独立核算

企业经营不能只依靠老板，而是应该由全体员工共同参与，实现人人成为 CEO。这就是组织划分。然而，只是划分还不够。人是有惰性的，要驱动企业内部的每一个人，就必须要让各个小组织的工作成果一目了然，通过"看见并相信"的方式，促使全体员工积极参与经营。工作成果怎么看见？这就是本章要讲的内容——独立核算。

无论是利润型小组织，还是非利润型小组织，都以独立核算为基本工具，将企业的经营生产经营状况看清楚、理明白，拒绝糊涂账。通过算账，让全体员工对自己小组、本职岗位的各项收支、各项费用心中有数，不再迷糊。

独立核算的核心思想是统一利益，统一立场。没有利益统一，就没有立场统一；没有立场统一，就没有真正的团队。

我们仍以海尔为案例。

推行"人单合人"之前，尽管海尔自砸冰箱以来已经发展了将近二十年，但总体来说部门臃肿，绩效低下，从企业发展的角度看，海尔遇到了严重的瓶颈。张瑞敏通过"人单合一"制度落地，用内部竞争机制激活全员，优胜劣汰，员工数量降了将近一万人，业绩不但没有降低，反而却比上一年度增长了一倍。为什么会这样？因为"人单合一"，海尔内部的几万名员工，截止到 2014 年 12 月 31 日被划分成了 2233 个独立核算的业务单元，而且每个自主经营体，都有损益表、日清表和人单酬表"三张表"，每个人都清楚自己的收支和成本费用，每个人都知道自己在团队的贡献度。利益和立场的高度统一，驱动着每个人从拿工资的被动的"上班族"，向主动经营的 CEO 角色转变。

为什么日航总部大楼上挂着佳能的牌子，这是因为他们将大楼的一半让给佳能，这样房租就削减了一半。为了实现高收益，日航公司的员工还做了很多努力，比如把家里不要的旧衣服拿出来，贡献给公司做抹布用。每个员工对此都毫无怨言，十分开心地去实施。

国内某公司的老板没有弄明白和理解日航的逻辑，急不可待地要求自己的员工也像日航员工一样，把家里不穿的旧衣服拿到公司做抹布。

在推行了大半年之后，有人问他效果怎么样？他唉声叹气地说：别提了，根本就没效果。员工现在个个都在抱怨，说他小气到家了，连抹布都舍不得买了。

为什么日航的员工很开心，国内某公司的员工却在抱怨？这就涉及管理的两个力，动力和能力的区别。动力是机制，解决"为谁干"的问题；能力是方法，解决"怎么干"的问题。

企业应先解决"为谁干"的问题，然后再解决"怎么干"的问题，才能够事半功倍。在没有解决"为谁干"的问题之前，就去告诉员工要怎么干，他是听不进去的，只能是事倍功半。

改革之后的日航公司，通过独立核算、责权下放、薪酬改革，解决了动力问题。把家里的旧衣服拿出来做抹布的策略和办法，就是日航员工自己想出来的。由此可见，独立核算是动力机制的利器。进行组织划分后，推行独立核算，员工们清楚收支和成本费用这本账，便有足够的动力想把一件事做好，他们自己就会去思考"怎么干"的策略和方法，想方设法去改进，去创新。国内某公司的老板之所以失败，是因为把家里的旧衣服拿到公司做抹布，是他安排、布置的任务。如果他也像日航公司那样，通过独立核算让员工意识到收支和成本费用，将考核考核到各部门的利润上面，他的员工可能不只拿家里的旧衣服来做抹布，还会在午休时关闭所有的电脑显示器以此来节省

第六章
独立核算

电费。

当企业在处于有效的机制之下，就能促使98%的员工都关心企业利润。

前面第一章提到的小张的那个案例中，如果老板在公司部门进行独立核算、考核所有部门利润指标的情况下，小张就不用拼命给老板打电话，让老板亲自来协调仓库，仓库才去发货。因为这时候仓库也希望业务部把大单顺利接下来，万一因为自己没有及时发货，丢了这个大客户，仓库部门就会损失收入。

再来回看生产部和业务部互相推责任的例子，假如下错单会产生很高的浪费性成本，如果进行小组织独立核算，业务部就不会随便乱下单，生产部门也不会不关心客户的需求，该如期交货就如期交货。因为在这种机制下，生产部如果随意拖延交货期，就要承担相应的罚款。之前延期交付的成本是老板承担，现在将压力转给了生产部，所以生产部自然要去关心客户需求，关心老板曾经关心的事情。

我们看到这前后的区别就在于，前者是各部门的员工在为老板干，后者则变成了都在为自己干了。这就是独立核算的神奇力量。

我们再来看一个真实的案例。

在没有导入全员创利模式之前，卓杰公司的组织架构是一个传统企业的组织架构，公司总经理在最上层，中间是办公室，下面是生产部、技术质量部、财务部、运营部，再下面又有计划采购部、仓库、物流部、销售部，销售部又分为内勤和外勤。此外，生产部下面还有设备组、工艺组和车间，车间又分为吹模车间、制袋车间和印刷车间。

未导入全员创利模式时，卓杰公司存在的问题主要是企业离不开老板，所有人都得听老板的，唯老板是从。老板在公司，员工做事认真，老板不在公司，员工做事就不认真。还有员工混日子、磨洋工、出工不出力的现象。

比如生产部都是计时工资。在印刷车间，由于公司生产的塑料袋、真空袋很大，靠一个人没有办法完成工序，必须要8至10个人才能完成，并相互拉开来检查。有一天有两个人去上洗手间，结果其他6个人就只能干坐在那里等他们，无事可做。

在吹模车间，原材料的考核采用了"一吨原料投进去，只能产生多少公斤废料"这样一个考核机制。员工为了躲避罚款，把废料塞到下水道里让水冲走，时间一久，造成了下水道的堵塞。老板让人把2楼到4楼的水管锯开一看，不禁傻眼，下水道里全是公司的产品。

后勤部门如设备、工艺、计划、采购、仓储物流等也都是拿固定工资，这些部门的员工巴不得公司人越多越好，人多了，他们的工作量就摊薄了，但是公司后勤部门就臃肿了，成本居高不下。

在没有导入全员创利模式之前，卓杰公司曾上线过两次ERP，全部以失败而告终。因为没有数据体系，ERP没法落地运转，整个工厂的原材料员工任意领，也没有做入库和出库的登记。

导入全员创利模式之后，卓杰有了想当大的改变（如图6-1所示）。

导入全员创利模式独立核算之后，卓杰的组织架构分成了供应部、营销部和生产部三个一级小组织，生产部下面又分了吹模车间、制袋车间和印刷车间三个二级小组织，设备组和外勤、内勤、物流也都是二级小组织，并分别进行了独立核算。

第六章
独立核算

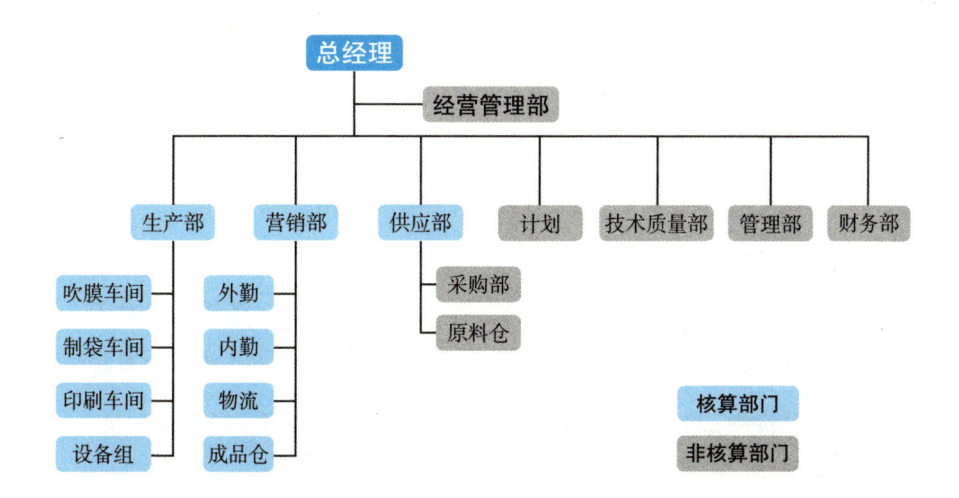

图 6-1 卓杰公司独立核算组织架构图

供应部下面分了采购部和原材料厂作为一个供应小组织进行独立核算，计划质量技术管理，财务作为三级小组织。供应部小组织采购了原材料，采取固定价的方式卖给生产部，生产部的第一道工序是吹模车间，吹模车间到仓库去领料及支出，把产品生产完后交给下一道工序，收入和支出非常明确。

此外，将堆放原材料的铁皮棚子围起来建一个铁门，每天固定上午 8：00~9：00 作为领料的时间，一天只领一次料，改变了以前任意领的现象。每次领料都需要在系统里提前申请，且每一道工序在交给下一道工序后，也需要在系统里录入物流单，做到一一对应物品流动都有票据跟随，然后每一个部门进行独立核算。

为了不增加财务人员的工作量，在导入独立核算时，卓杰公司同时上线了积分制软件与核算软件。通过核算软件，员工能自动生成核算报表，这进一步树立了员工的核算意识，员工开始对数字敏感，并开始关心自己部门的产出与消耗，从经营者的角度开始去考虑问题。

有这样一个案例，表明了卓杰公司的员工就是通过提升核算意识，把成本做到了最小化，利润做到了最大化。

在原材料价格普遍上涨的今天，大大增加了产品的成本压力。

为了控制成本，卓杰人仔细分析了产品的配方，根据客户对产品的质量要求，对不同产品的配方进行了优化，通过对产品各个性能的及时检测，达到了产品的要求，做到了成本最小化，利润最大化，以应对市场的变化。

我们来看2020年11月的经营报表（如表6-1所示）。

第一个区别是吹模车间三个班组收入多了，费用少了，车间员工有了经营意识，车台不开，不仅收入不增加，费用还在增加，所以当订单不能支撑车台的运行的时候，车间主任就会主动去找销售部要订单，给销售部施加压力。

以前车间主任是事不关己高高挂起，反正浪费的又不是自己的钱，但是独立核算以后，车间主任有了主人翁精神，他会主动去关心订单的饱和度，关心企业的经营。

第二个区别是制袋车间费用大幅减少，制袋车间的收入没有上一年高，但单位时间附加值却大大提高了，因为员工的效率提高了。

第三个区别是销售部的费用减少了，销售部的每个业务员都进行了阿米巴独立核算，员工过起了精打细算的日子，最明显的地方是运输费这一块。以前客户要求发货，销售部就会通知仓库发货，现在销售部会和客户协商能不能凑单一起发，或者与别人一起拼单发货，大大降低了运输费用。

第六章 独立核算

表 6-1 卓杰公司 2020 年 11 月的经营报表

科目名称	甲班	乙班	丙班	吹膜车间	印刷车间	制袋车间	叶××	邹××	陆××	李×××	徐××
总收入/元	4498273.92	4296377.29	4298489.66	13093140.90	166867.80	1460060.40	23121655.00	2842018.90	319111.52	537267.15	146457.86
对外销售/元					101452.40		2313498.23	2876735.60	364456.02	537479.55	146457.86
退货/元		7434.00	8514.00	23590.80		56000.00	843.23	34716.70	453445.00	212.40	
废膜/元	7642.80				65415.45	1404060.40					
内部销售/元	4490631.12	4288943.29	4289975.66	13069550.10	166867.80	1118859.14	8536466.71	1386375.43	226971.10	382384.41	101163.86
内部采购/元	3172714.34	3173721.59	3179614.93	9526050.86	166867.80	341201.26	1459008.29	1455643.48	92139.52	154882.74	45294.00
生产总值/元	1325559.59	1122655.70	1118874.73	3567090.01	100219.21	299801.99	45801.29	66959.38	25353.32	35841.63	23283.70
总费用/元	500493.69	492311.74	500686.09	1498300.14							
办公用品/元	1274.90	1045.61	851.36	3171.87		7179.13					
辅材科/元	74999.26	76543.64	77861.12	229404.01	26534.89						
耗材/元				4808.61							
场地分摊费/元	16611.00	16611.00	16611.00	49833.00	8125.00	40000.00	3333.00	3333.00	3333.00	3333.00	3333.00
电费/元	158269.56	158284.85	159314.04	475868.45	7705.60	2083.20	961.35	961.35	961.35	961.35	961.35
公摊费/元	153743.25	140931.31	153743.25	448417.81	38435.81	179367.13	12811.94	12811.94	12811.94	12811.94	12811.94
固定工资/元	87890.40	91080.00	84600.00	263570.40	18470.00	66720.00	4000.00	13128.09	3222.03	5050.34	3552.41
伙食费/元	480.00	440.00	480.00	1400.00	312.00	1680.00	125.00	125.00	125.00	125.00	125.00
绩效工资/元	4500.00	4650.00	4500.00	13650.00		2500.00					
内部设备修理/元	2725.33	2725.33	2725.33	8175.99	635.91	272.53					
工伤误工/元											
运输费/元							24570.00	35000.00	4900.00	13560.00	2500.00
出差费/元								1600.00			
附加值/元	825065.89	630343.95	618188.64	2068789.87	41399.27		1413207.00	1388684.10	66786.20	119041.11	22010.30
总工时/元	2724.00	2664.00	2580.00	7968.00	696.00	4904.00	200.00	200.00	200.00	200.00	200.00
每小时附加值/元	302.89	236.62	239.61	259.64	95.76	8.44	7066.03	6943.42	333.93	595.21	110.05

通过对比，在导入全员创利模式三年之后，卓杰公司业绩连续增长，2018年同比2017年增长了11%；2019年同比2018年又增长了13.43%；2020年同比2019年增长22%，这就是卓杰公司的改变与成长。

第六章
独立核算

什么是独立核算

全员创利模式积极推行独立核算的根本目的，就是帮助广大企业改善经营管理状况，推动企业持续成长，提高企业自身的利润率，进而创造更多的社会价值。

独立核算是指具有完整的会计凭证、会计账簿和会计报表体系，全面系统且如实地记录发生的业务活动，并按照相关财务要求定期对编制财务报表的单位所进行的会计核算活动。

通常意义上，独立核算是相对于"非独立核算"而言的。凡是拥有一定数额的资金，有独立的经济自主权，独立开设银行账户，可对外办理各项结算业务，并可以独立编制财务计划，单独计算盈亏的企业，一般会选择独立核算制度。

全员创利模式下的独立核算，与阿米巴经营模式中的独立核算一样，指的是在企业内部进行类似于市场化的组织划分，而非真正的成立一家公司进行独立运营。因为，成立一家公司必须有财务、会计等行政部门，反而会增加运营成本。

应该怎样去理解独立核算呢？下面通过一个街边便利店和一个供应商公司的案例来进行详细解读。

街边便利店案例

该便利店主要经营蔬菜、鱼和干货。起初,老板在经营店铺的时候,它传统的思维方式和经营模式就是记账式(记总账):

店铺一天的房租、水电、人工等所有成本加起来是300元,店铺营收的毛利率是30%,也就是说店铺只要营收1000元就不会亏本。

引入分部门独立核算制度后,老板把店铺分成三个部门:蔬菜部、鲜鱼部和干货部,每个部门都进行单独计算,每天部门的营收多少,进货成本多少。收入减去成本等于该部门的毛利,然后再用毛利减去部门的销售费用,得到该部门的经营利润。

以某一天为例:

老板发现当天蔬菜卖了3000元,鱼卖了4950元,干货卖了50元。当天总营收为8000元。

每天300元的固定成本分摊到三个部门,一个部门就是100元。老板发现,虽然总体来看店铺是盈利的,但干货部门明显在亏损。所以,下班之后他没有急着回家,而是召集相关部门的店员开会讨论,寻找原因。最后发现店内的干货定价较高,周边的顾客难以接受。随后,在第二天迅速采取改进措施,干货部门也实现了日经营业绩的扭亏为盈。

供应商公司案例

某家集团公司采购部门在供应商心目中是出了名的铁公鸡,一毛不拔,对自己的供应商压价压得都非常低,对价格、品质、技术方面的要求非常严苛。技术和品质都不难,唯独困难的是,这个公司每年都要求合作的供应商降价。

第六章
独立核算

在一次会议上，公司采购部门的领导对在座的供应商说："感谢大家一年的支持，明年由于市场竞争比较激烈，希望大家在今年价格的基础之上再降价5%。"

供应商们听后议论纷纷，其中一个供应商站出来向公司采购部门领导提出质疑，"你们知不知道我们今年的利润总共就只有3%，你让我们再降价5%，那不是要我们亏本给你们供货吗？做不了。"

很多供应商都是感同身受，纷纷抗议。唯独任经理没有加入声讨的阵营，而是把对方的要求照单全收。因为他明白一个道理：我们改变不了市场，我们也改变不了客户，我们只能改变我们自己。

任经理把对方的要求带回去与生产部开会。

"各位伙伴，我们明年要在今年的价格基础上再降价5%，要干出结果来，干出利润来。"有一个员工站出来说："今年我们的利润也只有3%，再往下降我们会亏本的。"任经理安慰员工说："我们把客户的要求，当成是我们锻炼的机会，成长的机会，让我们一起加油干，让我们以这个价格干出利润来！"

于是员工就开始干，当天进行日清会议时，将各项成本列出来，马上发现怎么做都会亏损，除非降低品质。但降品质是对客户不负责的态度。怎么办呢？任经理思前想后，决定第二天再与生产部开一次头脑风暴会。因为公司实行全员创利，各小组都有独立核算。作为销售部门，既要拿单，也要考虑生产部的成本问题。头脑风暴会议上，生产部的一名员工提出用一种新材料替代旧材料，另一名员工提出生产流程再优化一下，让日产量增加5%。如此，在一番精益求精的改善下，任经理顺利地完成了交货，为公司保住了大客户。同行后来纷纷向任经理打听有什么秘诀。任经理说："哪里有什么秘诀？在公司独立核算的机制下，全员献计献策，想尽一切办法呗。"

由此可见，独立核算的重要作用，就是及时了解各个部门的经营状况，以便及时采取措施加以调整。全员创利模式积极推行独立核算的根本目的，就是帮助广大企业改善经营管理状况，推动企业持续成长，提高企业自身的利润率，进而创造更多的社会价值。

全员创利模式的七种独立核算方法

如何激活全员？学习本节七种独立核算法，做经营有方、头脑清楚的老板。

企业经营不能只依靠少数领导人，而是应该由全体员工共同参与。

如何激活全员？

这就是我们本节要学习的七种独立核算法，它们分别是按部门划分、按产品线划分、按业务部门划分、按客户划分、按产品划分、按业务员划分和综合划分。

第一种 按部门划分

什么叫按部门划分？把市场的买卖机制引入企业内部，业务部、生产部、采购部、仓库都进行独立核算。各部门独立核算之后，部门之间如何来操作运转？我们来看一个案例。

某公司业务部接了一个100万元的大单，部门自己留下10万元的收入，减掉支出就是利润。然后业务部再拿3万元给仓库，再拿剩余的87万元给生产部，生产部再拿出一部分钱给采购部……在这种机制之下，考核的是所有部门的利润指标。

当所有部门都进行利润指标考核时，各部门当然希望业务部能顺利接下这个上百万元的大单，于是尽全力互相积极配合。

再举一个例子：在长三角地区有一家知名的机械制造企业，该企业的生产部又下辖三个大的分部门，分别是冲压部、注塑部、组装部，这是在没有推行独立核算模式之前的公司组织架构。按部门划分指该公司在冲压部、注塑部、组装部分别建立冲压部、注塑部和组装部分别进行独立核算的小组织。

第二种　按产品线划分

先把生产部分成三条生产线，分别是产线一、产线二和产线三，每一条生产线都建立为一个小组织，那么就形成了产线一小组织、产线二小组织、产线三小组织，而每条生产线里面既有冲压，又有注塑，还有组装。产线一小组织负责人就既管冲压，又管注塑，还管组装，他的职责就是管理好自己负责的生产线，这就叫按产品线进行划分。

按部门进行划分，遵循专业的人做专业的事的原则，就会造成部门负责人只管自己的部门，对其他部门的事务漠不关心，这是按照部门划分的缺点。如果要按产品线进行划分，你就必须要把划分变得很细，比如说产线一，它下面又有六条小生产线。如果产线一的负责人离职了，该生产线下面的六条小生产线由于推行了独立核算模式，该部门依旧能够进行有效的管理。

新型的电商公司道理也是一样的，比如：一家综合类服装电商公司，按产品线进行划分进行独立核算的话，就可以划分为男装小组织、女装小组织、童装小组织。小组织的负责人，既要管货源和采购，又要负责店面设计、运营和客服等，所有的工作他都可以处理，那么他就成小老板了。

第三种　按业务部门划分

按业务部门划分，指的是把整个公司分成几个业务部进行独立核算。

某家贸易公司主要从事与服装相关的业务，该公司的组织架构是总经理下面设有公司总务部、采购部、行政部、财务部、销售部、生产部等。销售部下面分别设立渠道代理销售、OEM加工销售、网络直销。生产部下面有四个车间。该公司在推行独立核算之前，老板一直很重视代理销售和OEM销售这两个部门，把它们当成公司业绩的支柱，经常受到老板的表扬。与此对应的是，老板一直觉得网络直销部门的业绩很差，因此经常遭到老板批评。

这是在该公司没有推行独立核算之前，这位老板的一些看法，落地全员创利模式后，尤其推行独立核算以来，该老板发现原来他自己以前的一些想法完全是错误的。这是为什么呢？

先来对比一下三个部门的业绩和利润独立核算情况。代理渠道部门业务占公司总业务量的58%，可是利润只占到公司总利润的8%；OEM加工销售的业务量占公司总业务量的13%，但是利润占到公司总利润的29%；网络直销业务量只占公司总业务量的29%，但利润却占到公司总利润的63%。

老板一直很重视的两个部门的总业务量71%，但总利润只有37%。网络直销部门业务量虽然不高，只有29%，但由于它是工厂直销模式，量虽小但售价高，所以它们的利润占到公司总利润的63%。

该老板猛然醒悟，原来自己的经营观念已经过时了。代理渠道虽然业务量很高，但是由于对客户让利太多，所以这个部门利润很低。当前要做的改变是，压缩一些代理渠道，收回一些优惠政策，招兵买马，大力扩充网络直销团队，因为它们才是公司利润的主要来源。

按业务部门划分小组织并进行独立核算，让老板之前的糊涂经营，变成心中有数，经营有方。

第四种 按客户划分

通常来说，一家企业可以把客户分为四种类型。

第一种客户是需求大，关系好；第二种客户是需求大，关系差；第三种客户是需求小，关系好；第四种客户是需求小，关系差。

先看第一种，什么叫需求大、关系好？

一位客户一年有1000万元的业务需求，他把800万元的订单都交给你来做了，这就是需求大、关系好的客户。

客户有1000万元的业务需求，但他只给你50万元的订单，需求虽然大，但是很明显关系不太好，因为他把大部分订单给了你的竞争对手。这就是第二种客户，需求大，关系差。

客户一年只有50万元的业务需求，但他把40万元的订单都交给你来做，这就叫需求虽然小，但是关系非常好。这是第三种客户。

第四种客户是什么情况？他一年只有50万元的业务需求，给你1000元的订单，业务收入连你公司总业务量的0.1%都不到。这就是需求小，关系差。

企业经营最宝贵的是时间，时间花在哪儿成果就出在哪儿。将这四种客户逐一进行分类、核算、比较，就会发现第四种客户可以直接淘汰。因为需求太小，关系又差，对公司的价值很低。放弃需求小、关系差的客户，就会有时间去满足需求大、关系好的客户的一切潜在需求，超越客户的期望。并重点去开发需求大、关系差的客户，一旦关系维系好，这时发现公司的业绩速出现大幅增长。

做老板永远要头脑清楚，大客户开发和维护永远是最重要的工作。这就是按客户划分和核算的价值所在。

第五种　按产品划分

一家企业经过不断发展壮大之后，如果坚持只做一种产品，那么这家企业往往会越发感到发展之路越来越窄。为什么呢？因为任何一家企业如果只做一种产品，那么它总会迎来自己发展的瓶颈期，而一旦发展遭遇瓶颈，由于产品线太过单一，往往就会导致企业发展之路受阻，这类企业通常很难做大做强，难以持久。世界500强之中没有几家不搞多元化的，没有哪一家在一棵树上吊死的。

华为旗下有多少类产品，芯片设计和研发、手机通信、5G基站服务等，现在还致力于汽车智能驾驶领域的开拓，在众多领域同时发力，齐头并进。那么，当后期企业的产品丰富起来之后，就面临一个问题，即如何对产品进行有效的管理。

通常，我们将产品分为四大类，分别是：第一类叫满意度高，毛利高；第二类叫满意度高，毛利低；第三类叫满意度低，毛利高；第四类叫满意度低，毛利低。经过分类后一切就清晰明了了，满意度低、毛利也低的产品直接淘汰；满意度高、毛利高的进行重点推广；满意度高、毛利低的产品和满意度低、毛利高的产品，这两类产品应该怎么办呢？只能选择一款产品进行推广，应该选择哪一种呢？

有人认为应该推广满意度低、毛利高的，理由是推广满意度低、毛利高的产品可以迅速获得收益。真的是这样吗？事实上这是一种"断头生意"，客户上当一次，以后绝对不会再次光顾了。所以，正确的做法是推广满意度高、毛利低的产品，因为虽然售卖这类产品公司盈利不多，但是牢牢抓住了客户的心，赢得了客户的信赖，这是一笔无形的巨大财富。做生意最重要的就是客户的满意度。没有客户满意度的产品即便赚钱也不能做，因为获得客户的认可非常困难，毁掉它却是轻而易举。

一个企业最大的成本叫什么呢？就叫获客成本。那么如果公司售出了一些满意度低、毛利高的产品，就会让企业损失大量的客户。按产品分类、核算，能帮老板算明白这一笔账。切记：按产品划分，绝不对简单地淘汰掉毛利低的产品，要综合研判客户满意度因素。

第六种　按业务员划分

按业务员划分，就是将每一位业务员进行独立核算。

某公司的主要业务是生产牙膏。该公司设计了两款产品，一款产品是90克，定价9.9元，毛利很低，只有15%左右；另一款产品180克，定价19.9元，毛利55%。

很明显，第一款产品毛利只有15%，是不赚钱的，也就是拿来开拓市场的，以此来获得经销商和消费者的认可，达到宣传和获客的目的，然后重点去推广180克的这款产品，因为这款产品推出的主要目的就是为公司盈利，是利润型产品。

在该推行独立核算模式之前，业务员只拿销售额的提成，业务员只要有业绩就有提成，结果直接导致业务员完全不管公司的利润，专门只推广90克的产品。因为物美价廉，客户接受度和满意度高，所以无论是消费者还是经销商都十分青睐该款产品。结果一年下来，该产品销售额达3000万元，而

180克的利润型产品只卖出了400万元，与公司最初的计划的差距很大。公司不但没有实现盈利，反而亏损280万元。

就是因为对该公司对业务员只做了一个单纯的业绩考核，而没有对每个业务员进行利润考核，没有核算收支与利润，结果就导致业务员只关心个人业绩，忽视公司利润，造成了业务员赚钱，公司亏损的恶果。

所以，考核业务员一定要考核他的利润。这就是按业务员划分的精髓。

第七种　综合划分

综合划分就是把以上几种划分方法彻底打乱，在不同情况下使用不同的划分方法。换句话说就是因地制宜，以适用、高效为第一原则，不拘泥于呆板的理论，凡是对企业效益有帮助的，对利润增长有助益的都可以适用。且在不同时期、不同发展阶段、不同情境下灵活切换。

例如，经过独立核算模式的检验，如果按照部门进行划分对公司和部门收益最大，那么就立刻选择按照部门进行划分；在经过一段时间的发展之后，如果发现，部门划分方法已不再适用于当前的发展阶段，经过核算之后，也可以迅速转入产品线划分模式或者业务员划分模式。最基本的原则就是凡是对公司、部门的发展有利的模式都可以尝试，就像一块海绵，可以吸纳众多的独立核算模式为己所用。综合划分的要领是老板要有包容性，兼容并蓄，博采众长。

独立核算的经营会计制度

财务会计制度对外又对内。它注重的是经过财务统计之后最终的结果。而经营会计制度通过数字及时反映各个小组织的经营状况，是建立在内部交易基础上，也就是说经营会计制度只对内而不对外。

独立核算致力于去了解各个部门的经营状况，而不是各个部门的财务状况。经营会计制度不同于传统的财务会计制度，它更加注重时效性和即时性，也就是发生即结算，流通即结算，绝不拖沓。

例如：只要你把物品交到客户手中了，就可以视为你这笔收入已经到账了，至于客户具体什么时候可以付钱，独立核算模式下领导是不会直接过问的。因为那些都是财务会计的工作。同样的，只要你从供应商那里把货物买回来了，在独立核算模式下，领导就会视为这笔费用你已经支付给对方了。

那么，经营会计制度和财务会计制度有哪些区别？财务会计制度是指通过对企业已经完成的资金运作进行全面系统的核算，其特点是不善于监督，主要服务于外部和与企业有经济利害关系的投资人、债权人、政府有关部门的，为其提供企业的财务状况与盈利能力的经济管理活动。

也就是说，财务会计制度是对外又对内。它注重的是经过财务统计之后最终的结果。而经营会计制度通过数字及时反映各个小组织的经营状况，是建立在内部交易基础上，也就是说经营会计制度只对内而不对外。它服务于企业内部，通过部门的收入支出及工时的变化，为部门的经营运作提供判断和参考依据，它既注重于事前的目标和事中的改善，也注重过程。而财务会计制度注重的是结果。此外，两者还有一个不同点，财务会计是有账又有钱，经营会计则是有账没有钱。

做独立核算时，应坚持合中有分，分中有合的原则，也就是说，财务会计中有经营会计，经营会计中也有财务会计。

这里有两个概念，一个叫奖金，另外一个叫奖励。奖金很好理解，就是钱。而奖励却包含三种形式，分别是金钱、物质，还有精神的。奖金归属于财务会计发放，而奖励是经营会计就可以发放的。如果公司下属的各个部门均实现了利润增长，进而导致总公司财务利润实现了增长，才会给公司的所有员工发放奖金，否则只有奖励。如此，你中有我，我中有你，才能共同铸就公司业绩增长的丰碑。

某公司老板发现最近几年，公司整体的发展状况却并不理想：发现公司的销售额在持续增长，利润也在持续增长，员工的口袋也越来越鼓。但是伴随着公司利润的增长，公司的现金流却日益紧张，越来越少了。

经过一番调查后，老板找到了问题的症结所在：随着该公司销售量的不断增长，外部客户的应收账款越来越多，往往是客户的应付款还没有到账，公司就已经提前把该项目的奖金发放给了相关人员。日积月累，外面的欠款越来越多，公司账面上的现金流却日益枯竭，整个公司如同陷入泥沼，负担日益沉重，最终导致公司的财务状况不断恶化。

与此同时还出现了一个问题，那就是各个部门纷纷自立，各自为政，互不协同，一心只为了本部门这个小集体的利益，争斗不休。你的部门独立核算，我的部门也是独立核算，两个部门之间分得清清楚楚，壁垒森严，每一分钱都要斤斤计较，锱铢必较。这个结果让这位老板大失所望。

究其根源，问题还是出在老板把经营会计制度和财务会计制度完全混为一谈，早早地把本应该在年底才发放的奖金，提前到发放月度激励时一并发放。结果导致财务制度混乱，急功近利之风日益盛行，各部门纷纷以短期利益为先。

只有严格恪守分中有合、合中有分的原则，才能够真正把所有人团结在一起，不但要做好自己的工作，同时还要去关心其他人，关心其他的部门，利己利他。

我们再来经营兔肉熟食的某公司案例。

有一家食品公司，他们主要经营兔肉熟食的生产加工。它们的第一个生产环节就是将生兔肉从市场上购入，彻底清洗后进入第二个生产环节——炒制。炒熟后送到第三个车间进行冷却包装，然后发送给客户。包装车间的工人却发现了问题：分兔肉里面有残余的兔毛。这时，面临一个艰难的选择：到底要不要停下来把残余的兔毛逐一挑出来？

包装车间最终没有将这些肉毛挑出来，因为他们车间全部是计件制。一旦停下来就会影响车间的产能，进而直接影响到每一个人的收入。至于这批有问题的产品发出去之后，公司是否会遭受损失，以及最后追究责任的问题，包装车间也有自己的理由：那是第一车间没有清洗干净的问题，毕竟兔毛也不是包装车间放进去的。

之前，车间里的工人即使发现了质量问题，也是睁一只眼闭一只眼，熟视无睹，依旧按部就班进行手头的工作。探究其根源，就是该公司的各个部门都是相对独立的。各个部门以邻为壑，互设门墙，发现了问题也没有人站出来主动去寻找解决问题的办法。

进行独立核算后，在经营会计制度指导下，该公司新的制度非常明确：只要你所在的部门达成业绩目标完成，经营状况良好，公司就给你发放奖励。业绩越优异，达成的目标越高，奖励自然就越丰厚，但奖金的金额较少且有封顶。只有公司财务上的利润实现增长之后，才会给所有的部门发放奖金，金额大且没有封顶。

这就是合中有分，做经营会计发放奖励，然后分中有合，公司财务利润的增长就给所有人发放奖金。如此，有效有提高了独立核算的经营管理中的威力。

本章思考
THINKING IN THIS CHAPTER

1. 全员创利模式的七种独立核算方法分别是什么？

_____

_____

_____

2. 我们强调独立核算是一种经营会计制度，那么，经营会计制度和财务会计制度有哪些区别？

_____

_____

_____

CHAPTER 7

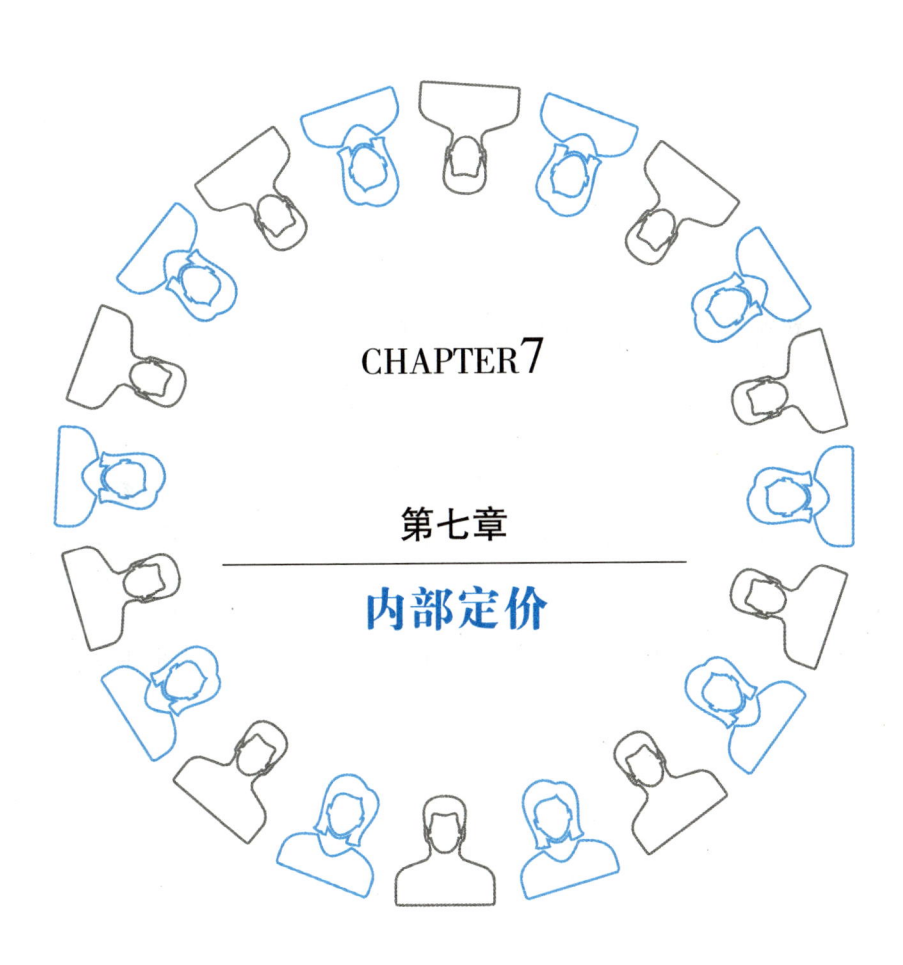

第七章

内部定价

组织划分和独立核算体系建立好后，接下最为重要的一步是内部定价。但大家要清楚，定价不是标价。定价必定要经过一番仔细研究，权衡利弊。标价往往是拍脑袋一想，就标示出来了，但两者的成效真是一字之差，差之千里。

内部定价是否合理直接影响各个小组织的业绩考核，直接关系各个小组织员工的切身利益，并且对小组织员工的积极性和创造性影响巨大。

本章核心内容包括：两种极简内部定价法、内部定价四步法等。

组织划分和独立核算体系建立好后，接下最为重要的一步是内部定价。但大家要清楚，定价不是标价。定价必定要经过一番仔细研究，权衡利弊。标价往往是拍脑袋一想，就标示出来了，但两者的成效真是一字之差，差之千里。

曾经有个企业家吃过这样的亏：他给人力资源部定了个价，招一名基层员工300元，招一名主管800元，招一名副总2000元。在这种机制之下，人力资源部希望自己部门招人越快越好，招的人越多越好，因为这样收入就越高。

最后的结果是，人力资源部招了很多人，拿了很多内部收入，但招过来的人，职业技能的质量并不高，尤其主管一层的人员，有一些根本没有管理经验，导致公司人力成本巨高，而人员质量却大幅降低。

定价是生产经营活动的根本，定价也是经营者对于企业经营理念的集中体现。在全员创利模式下，内部定价是指企业内部小组织之间因为相互提供产品、半成品或劳务而引起的相互结算所产生的一种计价标准。通常来说，内部定价的意义主要体现在以下几个方面：

1. 提升各小组织内部资源有偿使用意识；
2. 在企业内部形成完整的交易评估体系；
3. 完善小组织有偿服务质量体系；
4. 通过小组织内部定价机制，使各个小组织获得直接经济效益。

我们来看两个案例。

某公司物流部门的案例

某公司的物流部门，一开始按照常规做法，公司买车，雇佣司机送货。司机拿工资，偶尔有一些加班费。因为超过上班时间就会有加班费，所以，司机往往会故意拖延时间，多拿加班费。而且对车辆保养也不注意，经常会造成车辆损坏需要修车。车队管理很让部门主管和老板头痛。

后来，引进全员创利模式，物流部门也变管理为交易，变工资和加班费为内部交易收入，让司机自己当老板。定部定价的具体做法是，不再按时间来雇佣司机，改成按配送次数和路程付费。油费、维修费、车辆折旧费由司机承担，折算到每次配送费用中，三年后车就归司机了。

改变交易方式后，市区内的配送效率，从原来每天六七次，增加到十一二次。司机收入增加，公司物流部门的效率也提高了许多。

某公司客服部的案例

某公司发现：客服在与客户交流时态度不稳定，非工作时间经常无法接听和处理客户订单。为了激活客服部门，公司同样采用化管理为交易的变革，改变客服人员的收入模式，按内部定价乘以实处理的客户问题拿工资。具体方法是：将客户订单金额的1%作为客服的收入。如此一变，客服态度大为改善，而且即使非工作时间也会积极处理订单。

如果企业内部定价缺乏必要的合理性，那么就很有可能会严重损害整个企业的全局利益或者直接挫伤各个小组织的积极性和创造性。当企业全局利益与各个小组织的局部利益发生冲突时，企业应当坚定地从整体利益出发制定内部交易价格核算标准，以保证企业整体目标的实现。同时，在允许的范围内尽可能兼顾各个小组织的利益，以维护其积极性和创造性。

第七章
内部定价

两种极简内部定价法

所谓的佣金定价就是明确一个佣金比例的定价法。所谓固定价是料、工、费、利相加所得出来的价格。

内部定价方法有很多，这里我介绍两种最简单最常用的方法，一种叫固定价，另一种叫佣金定价。

佣金定价

所谓的佣金定价就是明确一个佣金比例，比如某个学员来上课交了1万元的学费，学费一部分归为生产部，也就是讲师，另一部分归为营销部。那么，生产部和营销部要用一个什么样的比例来进行分成，是三七分、四六分，还是五五分，这就叫佣金定价。

那么，佣金定价是如何怎么来定的呢？比如销售部、生产部和采购部，每一个部门在把自己部门的料工费、材料成本、工资成本还有经费成本加起来的基础之上，再加上自己的利润，就是部门的总收入。比如卖出某款产品收入1000元，采购部的材料成本是多少，经费成本是多少，利润是多少，生产部的经费是多少，利润是多少，销售部的收入是多少，利润是多少，确定出一个佣金比例，例如销售部提成10%，生产部占80%，生产部再付10%作为采购部的采购成本，这就是一个完整的内部佣金定价（如图7-1所示）。

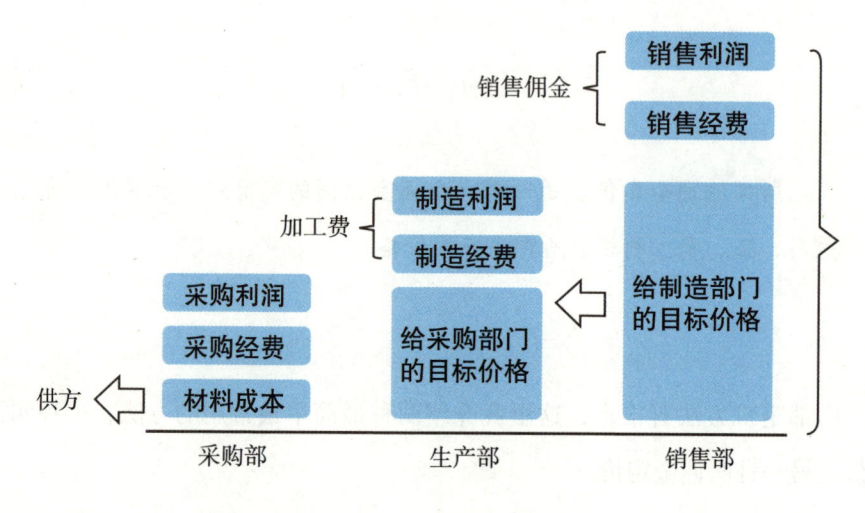

图7-1 佣金定价示意图

固定价

所谓固定价是料、工、费、利相加所得出来的价格。比如生产一个充电宝，成本是100元，销售部售卖180元也好，120元也罢，都与生产部无关。生产部把压力转嫁给销售部，销售部卖高了是销售部的收入，反之是销售部的损失。直接定死的100元出厂价就是固定价。

在固定价的四个相加数字中，料指的是直接材料标准成本等于单位产品的用量标准乘以材料的标准单价；工指的是直接工资标准成本等于单位产品的标准工时乘以每小时的标准工资，费指的是费用每小时标准成本等于标准工时乘以每小时的制造费用，利指的是利润等于单位产品的标准工时乘以每小时的标准利润。

如表 7-1 所示，001 号产品售价 15 元，生产成本 12 元，销售部的佣金比例是 8%，研发部的佣金比例是 5%，生产部的佣金比例是 87%，于是销售部的 8% 就是 1.2 元，研发部的 5% 就是 0.75 元，生产部的 87% 就是 13.05 元。

表 7-1　某公司固定价统计表

序号	款号	销售价/元	生产成本/元	销售部（8%）/元	研发部（5%）/元	生产部（87%）/元
1	001	15	12	1.2	0.75	13.05

生产部各工段成本（56人）				
注蜡部（6人）/元	镶石部（25人）/元	翻砂（3人）/元	抛光（16人）/元	包装（6人）/元
3	2.5	3.5	1	2

生产部各工段利润（56人）				
注蜡部（6人）/元	镶石部（25人）/元	翻砂（3人）/元	抛光（16人）/元	包装（6人）/元
0.1125	0.46875	0.05625	0.3	0.1125

生产部各工段价格（56人）				
注蜡部（6人）/元	镶石部（25人）/元	翻砂（3人）/元	抛光（16人）/元	包装（6人）/元
3.1125	2.96875	3.55625	1.3	2.1125

生产部各工段内部销售价格（56人）				
注蜡部（6人）/元	镶石部（25人）/元	翻砂（3人）/元	抛光（16人）/元	包装（6人）/元
3.1125	6.08125	9.6375	10.9375	13.05

这时生产部各工段的内部定价就要用固定价来定，比如生产部总共有 6 个人注蜡，25 个人镶石，3 个人翻砂，16 个人抛光，6 个人包装，那么各工段的料工费利分别是注蜡 3 元，镶石 2.5 元，翻砂 3.5 元，抛光 1 元，包装 2 元。几个工段的成本加在一起就等于 12 元。然后再加上自己工段的利润，比如注蜡部的利润是 0.1125 元，镶石部是 0.46875 元，翻砂是 0.05625 元，抛光是 0.3 元，包装是 0.1125 元。成本加上利润就等于价格，注蜡部的 3 元成本加 0.1151125

元就是3.1125元，镶石部2.968 75元，翻砂3.55625元，抛光1.3元，包装2.1125元。在价格基础之上，再加上上一道工序的内部采购价，就是售价。比如注蜡的价格是3.115元，镶石的内部销售价就是3.15元加2.96875元，就是6.08125元，以此类推，翻砂的内部销售价就是9.6375元。

这就是全员创利模式两种内部定价法的核算技巧。

第七章
内部定价

内部定价四步法

内部定价四步法分别是协商、试算、纠偏和拍板。步步深入，最后得出公正的定价，避免一言堂式"一步错，步步错"的错误。

内部定价要始终体现公平公正合理的原则，避免一言堂。一旦内部定价失去了公正性，必将导致各个小组织之间的合作难以为继，也会导致整个企业失去发展动力。内部定价四步法分别是协商、试算、纠偏和拍板。

第一步　协商

内部定价是否合理直接影响各个小组织的业绩考核，直接关系各个小组织员工的切身利益，并且对小组织员工的积极性和创造性影响巨大。

因此，在制定内部交易价格时，需要积极地以协商的形式，统筹规划企业整体利益和各个小组织的局部利益，并努力使之实现统一。与此同时，内部交易价格还必须是建立在供求双方自愿接受的基础上的。

协商一定要做到公平合理，尤其涉及公共费用分摊的问题，一定要坚持谁受益谁分摊的原则。

第二步　试算

试算的目的是激活全员参与经营。将料、工、费和利进行统合预算，就可以得出初步的定价。但有一个操作细节值得注意：试算内部交易价格的过程中，每一位小组织负责人须积极听取各方建议，保证基层员工对内部交易价格体系的认同。

第三步　纠偏

每一位小组织的负责人都肩负着盈利的使命，因此，核算每一种产品的交易价格实现本小组织利润的最大化时，须在正确的经营理念指导下，充分考虑市场价格的情况，并及时对内部定价做出相应调整。

第四步　拍板

内部交易价格的确定需要经过各方的签字确认方能生效。悬而不决，久拖不决，都是经营管理的大忌。内部定价涉及各部门的实际利益，制订过程中各小组织间免不了会讨价还价，甚至发生激烈的争吵。老板或高层管理者一定要有果敢的魄力进行拍板。在大致公平合理的情况下，先运作起来，先做起来，边做边改进。所以，第四步是立即行动起来，进行价格会签，在共同见证下全体签订《内部交易价格协议书》。作为一个管理机制，拍板、会签能起到明确交易价格严肃性、合理性和公平性的作用，并将大大提高全员创利模式下的执行力。

第七章
内部定价

内部定价四大原则

内部定价四大原则分别是：明确价格标准、建立交易关系、确定违约责任和赔偿机制和合理使用外部市场竞争机制。

内部定价与公司经营战略和公司的内部控制、管理制度息息相关，其成功的前提是企业内部市场化。企业内部多个小组织之间，利润中心与成本中心之间按照市场机制建立交易关系，明确相互之间提供的产品和服务以及收费标准，确定违约责任和赔偿机制。同时，引入外部市场价格压低内部交易服务成本，激活内部交易的活力。

原则一　明确价格标准

明确价格标准的方法有很多种，经过我们统计，比较常见的内部定价有以下四种。

市场价格定价法　企业内部的大部分产品或者服务，都有与此相对应的市场价或者外包价，参照这个价格进行内部定价。

历史价格定价法　新一轮内部定价期间，如果市场变化不大，就可以参考过往成交的价格略微调整一下，就可以内部协商定价。

成本定价法　指按照每道工序的成本来推算内部定价。它以每道工序的产品单位成本为基本依据，加上预期利润确定内部定价。

利润预算定价法　即预先决定利润的数额，其他定价根据各小组织的需要自行解决。其优点是关注市场变化、关注竞争对手。

销售定价法　主要和市场价格相关联，通常可以分为两种类型：全价购买、佣金制度。适用于那些和市场直接对接的小组织。

内部定价绝不能局限于一种定价方式，而是要结合企业与各小组织之间的实际情况，采用多种定价方法互相参照，才能更好地适应市场的变化。比如管理部门服务有偿定价原则，如果服务部门要向盈利化，就要结合以上定价方法综合考虑进行内部服务定价。当然，无论最终决定选择哪一种内部定价法，其基本出发点都是一致的：一是小组织的统计口径要一致；二是积极与市场对接。

原则二　建立交易关系

简单来说，建立交易关系指的是谁与谁进行交易，交易的是什么产品或服务，以及交付和结算时间节点的确定。

谁与谁进行交易层面　大致可以分为：集团公司的事业部之间、企业内的部门之间、制造工厂的车间／工序之间、利润中心和非利润中心之间。

产品或服务层面　通常有三种情况：

一是以产品为标的交易。常见的如产品生产过程中上下道工序的买卖关系、产品销售过程中的买卖关系。该类交易通常伴随有实物转移。

二是以服务为标的交易。通过提供服务，以收取服务费作为收入度量的关系类型。多常见于职能小组织，如人事外包服务、信息设备维护服务。该类交易通常不发生实物转移。

三是以契约为标的交易。为满足用户需求，交易双方签订契约，并以此契约条款的达成为交易的依据。常见于研发部门或职能部门，典型的交易如产品开发设计、定制化服务。

交付和结算时间节点层面　通常每月结算一次，随着机制的不断深入，组织不断化小。到车间、区域销售层面结算的时间可以缩短为每周或每天。所有发生成本费用都归集到相应的小组织，以便于收益的结算。归集原则是"能够分清的坚决分清，不能分清的要合理分摊"。

原则三　确定违约责任和赔偿机制

内部定价和内部交易的实质是引入市场竞争机制，激活企业内部的潜能。所以确定违约责任和赔偿机制尤为重要。

小组织间内部交易关系，必须以一种制度使之变成市场契约关系。因为内部客户保质保量、准时交付也应是一种责任和承诺，如果不能在既定的时间内交付合格的产品或服务，必须承担由此带来的违约金和被索赔责任。

成功转型的企业，在推行内部交易初期，就会明确制定具有公司内部法律保障的合约履行机制，作为供应方的小组织，必须承诺对不能按时履行责任承担直接和间接的损失索赔。

原则四　合理使用外部市场竞争机制

引入外部市场竞争机制有两个好处，其一是价格上可以压低内部交易服务成本；其二是如果内部交易服务成本无法降低，则可以寻求外部服务商。

全员创利模式虽然是在企业内部落地，但也要求根据市场情况不断调整自己，小组织更应灵活地划分、分离、合并、撤销，发生较为频繁，以此倒逼内部小组织提供优质服和合理定价，从而起到真正激活内部交易活力的作用。

本章思考
THINKING IN THIS CHAPTER

1. 佣金定价、固定价分别指的是什么？
   _____
   _____
   _____

2. 内部定价的四大原则是什么？
   _____
   _____
   _____

CHAPTER 8

第八章

坚守利润

组织划分、独立核算和内部定价的目的，是使大家从老板的角度、从经营者的角度去思考问题，谋求发展。

坚守利润更加直接，那就是一切指标、考核、任务都要以企业利润为先，本着坚守利润为根本原则，才能优化过程，提升完成指标的效率和结果。换句话说，所有的变革都是为了利润增长，因为利润是企业发展的生命线。

坚守利润是全员创利模式本土化实践最实战实效的部分，它的核心内容包括：企业如何关心从利润角度去思考问题的人才、业绩分析会如何开、单位时间附加值等。

第八章
坚守利润

当前，市场竞争日趋激烈，企业经营如"逆水行舟，不进则退"，因此企业的经营者更要时刻保持危机意识和紧迫感，否则就会迅速被市场淘汰。当每一位管理者都在积极创造利润时，当公司下属的每个机体都在赚钱时，公司才能在竞争环境中立于不败之地，也才能说全员创利模式已经成功导入。

我们来看一个案例。

某公司的CEO金总对销售副总说："今年的营收目标是1亿元。"

销售副总听后，开始琢磨方案。第一，增加营销人员，并立即到人力资源部申请给自己部门增加30名业务员；第二，加强促销策略；第三，增加支出费用，降低产品价格，跟竞争对手竞争。

销售副总的方案是花老板的钱来完成公司的营收目标。最终的结果，业绩可能完成了，但是公司的利润却严重下滑。

因此，金总给销售副总的这个指标，不是一个完整的考核，也不是完整的管理。换个思路，假设金总这么给销售副总下达任务：今年的营收目标是1亿元，利润要求必须达到2000万元。

这时，销售副总就会从营收和利润两个方面思考：我要完成1亿元的业绩，利润还要2000万元，这两个指标都要达成的话，就要尽量降低销售费用。

看上去，金总的目标体系非常不错了。但在我看来，这仍然不够。因为1亿元的业绩、2000万元的利润要到年底才能知道是否完成，那么对销售部门的管理和惩罚也要到年底才能兑现。

因此，管理周期要缩短，也就是每个月都要对销售部的任务进行跟进和总结，这样才能及时有效地帮助销售部确保目标的达成。

这时就要对这个考核指标的过程管理进行升级，也就是除了年底完成1亿元的业绩、2000万元的利润,同时还要增加客户维度的考核,比如每天必须拜访8家客户,打出30个拜访电话,客户满意度要达到70%以上,另外再新增1000家客户。如此,既有过程管理,又有结构管理,才有利于目标达成率的提高。

这个案例体现了一点很重要的信息,那就是一切指标、考核、任务都要以企业利润为先,本着坚守利润为根本原则,才能优化过程,提升完成指标的效率和结果。下面我们重点讲解,坚守利润到底该怎么做。

第八章
坚守利润

定义经营的人才，人人成为经营者

所谓的经营的人才，指的是不但关心企业的收入，而且关心企业的费用。确切地讲，企业应该关心从利润角度去思考问题的人才。

企业将员工培养成经营者，各有各的策略和方法。

某印染公司注重改变员工的思维，统一思想，统一行动，形成合力，使员工即使是面对疫情正当前的严峻形势下，也能保持积极向上的心态，付出不亚于任何人的努力。

某家机械公司则注重培养多面手，让每一个人都能胜任多个岗位，并在日常工作中增加员工的休息时间，减少不必要的加班，这样做不仅能达到节省人工开支的效果，同时还提高了所有员工的工作效率。

成都一家食品公司则从企业文化入手，建立健全的企业文化，加强员工思想教育，提升员工的素质，增强员工对公司的认同感和工作责任心。

上述这几家企业虽然培养员工成为经营者的切入各有不同，但殊途同归，目标都是首先让员工认同自己的企业，有了这个前提，员工才能真正为企业的利润着想。

在这里，必须要明确一个概念：企业需要的一定是经营型的人才，但是仅仅有能力却并不代表对公司有贡献，只有为企业创造了利润，做出了贡献的人才，才是企业需要的人才。

业绩分析和利润提升是以各个经营单元的业绩报表为基础的。全员创利的业绩始终是以"销售额最大化、费用最小化"为终极目标和最大追求，不断增加收入，节约开支，通过开源节流实现企业的收益增长。

其实，企业经营面临的最主要困境就是：如何让全体员工能够像老板一样思考、决策并付诸行动。也就是如何真正把"员工变成老板"。而全员创利模式的一个重要原则就是追求"人人成为经营者"，它既可以不断增强员工的经营者意识、主人翁意识，又可以为企业源源不断地培养新一代的管理人才，夯实企业发展的基础。也正是因为这一重要原则，业绩的改善、利润的提升成了每一位员工直接肩负的责任，与每一个人的利益息息相关。

第八章
坚守利润

业绩分析与利润提升

业绩分析会是利润增长的演练。不管是什么行业的公司，只要有增长的目标，再加上穷尽可能的努力，都能从不同的角度，找到适合自身的改善点和策略，实现利润增长。

业绩分析

我们先来看日航的案例：

日航召开业绩分析会的目的有12个字：清楚原因、汇报对策、展望下月。

会议召开时间在每个月的5日左右，由每个阿米巴的领导人依次上台发表，针对自己阿米巴上一个月的销售额、毛利润、库存费用、小时毛利等多个维度，分析检讨问题，并提出解决方案。

此外，还要做季度回顾和展望、表彰，对经营业绩、经营哲学做得好的团队和个人进行表扬。

会议中，负责人会对每一个巴长汇报的问题点进行提问。比如会针对性地提问头戴式收音机修理费用增加了，为什么会这样？如果这个部门没有答上来，就会挨批评，因为如果对数据背后的问题都不了解，表示已经失去了对现场的控制。

如果有人在说明费用增长的原因的时候说，因为来不及汇总三个月的费用，所以这个月的费用增加了，就会被严厉批评，因为这样的业务流程真的是太不像话了。

如果汇报的时候说，粗略估计一下需要50亿日元，负责人就会追问粗略估计是什么意思，该部门说大概有八成把握，负责人同样会追究，大概怎么行？所以必须要有准确的数据。

日航的高级管理干部以前都喜欢用官僚式的方法说话，比如因为台风登陆了，飞机不能起飞了，因为经济不景气，所以出行的商务人士减少了，汇率变动，石油价格上升了等。这些都会受到负责人的严厉批评，所以必须要老老实实、清清楚楚地汇报问题，汇报原因，还要汇报对策，并对下个月的目标做出承诺。

如果你汇报了问题，比如说什么问题，什么因素导致这个月的收入下降了，负责人就会问你接下来准备怎么做？如果回答说没有想好，也会遭到批评。"当你提出问题的时候，请你最少提出两套以上的解决方案，并且告诉我哪一套更好。"优秀的中高层领导是给老板出选择题，而非问答题，所以在清楚原因之后还要汇报对策。

接下来就是展望下月，要承诺下个月的业绩目标，各厂长和营业网点在月末向手下的员工宣布这个月的业绩，在月末就能知道这个月付出的努力获得了多大的成果，这会让基层员工活力十足。如果业绩上升，他们就会士气大振，如果业绩下降，他们就会想为什么会这样，进而商讨对策。

这就是日航召开业绩分析会的特色。

我们前面提到过的案例公司蓝天通信,在业绩分析会方面,实施的是 PDCA 循环模式,即:

· P　分析现状、找出原因、找出主要原因、制定计划与措施
· D　实施计划与措施
· C　实施结果与目标对比
· A　对实施结果总结分析,未解决问题转入

一个业绩改善完成后,再进入下一个 PDCA 循环。其会前准备和会议议程值得我们参考和借鉴。结合中国本土地的实践,按照业界通行的 PDCA 循环理论,我们认为业绩分析与利润提升会议,通常需要以下几个步骤:

(1)从业绩报表中寻找问题;

(2)分析问题产生的深层次原因;

(3)制定改善的具体策略;

(4)按照相关策略迅速付诸实施;

(5)及时查验整改效果;

(6)采取进一步措施巩固整改成果并积极防止问题再度发生。

其中,根据发现的问题分析查找问题产生的根源是进行业绩分析的关键环节。在经营会计报表中,通常需要对以下五个方面进行深度差异分析:

经营利润差异分析　企业计划获得利润与实际获得利润的差异及其出现的原因。

损益项目差异分析　企业计划损益项目与实际损益项目的差异及其出现的原因。

边界利润率差异分析　边界利润率主要体现企业市场竞争力的强弱,展

开分析的目的是理解边界利润率变化的原因。

生产力差异分析 计划生产力和实际生产力的差异及其出现的原因。

平衡点差异分析 计划盈亏平衡点和实际盈亏平衡点的差异及其出现的原因，了解企业的收益结构、销售额边界利润率与固定费的相对关系。

经营会计报表的核算方法：

销售额－变动费＝边界利润

边界利润－固定费＝经营利润

边界利润率＝变动费/销售额×100%

由此可以直观地发现，影响一家企业经营利润的因素分别是：销售额、边界利润率和固定费。如果销售额的实际值大于计划值，那么就会对经营利润产生正面影响，反之则会造成负面影响。如果边界利润率的实际值大于计划值，那么对经营利润将产生正面影响，反之亦然。如果固定费的实际值大于计划值，那么对经营利润直接产生负面影响，反之则造成正面影响。

对影响经营利润的主要因素和影响范围有了较为清楚的认识后，就可以逐级追踪，责任到人，具体问责。

那么，基于业绩分析的结果，应从哪些方面入手，推动企业利润的不断提升呢？

首先是针对不同客户群体的需求提供差异化的服务，增加销售额。企业要学会区别对待不同的客户群体，积极为其量身定做满足客户特殊需要的定制化产品。同时，也要注意把有限的产品和精力投入主要客户群体，抓住重点，形成规模效应，避免客户群体过于分散。

其次是通过强化企业的预算制度，严格控制成本，降低费用支出，为企业利润增长提供正向支持。

最后是提高工作效率。员工工作效率的提升可以从提高员工技能、简化工作流程、建立激励机制等多个方面同时展开。

业绩分析会每月一次，它犹如企业经营的雷达系统，通过各种指标的分析，可以了解当月业绩达成情况，展望下月目标。若当月业绩完成情况不理想，也可以通过此业绩分析会议，找出问题，制订对策。业绩分析会实操流程如下所示：

会前准备

（1）每月5日前，财务部编制完成上月财务报表及费用明细清单表并发放到各部门、区域。

（2）每月6日前，财务部协助常务副总完成上月全公司及个人损益比较分析表的准备工作，具体包括计划与实际的比较分析、上年度与本年度的比较分析以及报表各细项的分析清单。

（3）每月7日前，公司高层对公司整体报表完成情况进行分析，由常务副总主持，高层对总体经营情况作出定性的评价，并提出本月度公司经营计划和改善的重点，必要时做整体经营目标调整。与此同时，各部门、区域提交本部门比较分析表，具体包括计划与实际的比较分析、上年度与本年度的比较分析以及报表各细项的分析清单，对上月业绩完成情况作出分析结论，并制定出相应的改善课题及本月经营计划。

（4）每月9日上午参会人员报到，9日下午由常务副总针对各部门、区域报表对比分析情况进行辅导。

（5）每月10日，正式召开月度业绩评价会。

会议议程

（1）常务副总对公司上月整体经营计划完成情况做结论性简单评价。

（2）总经理对影响经营利益的各项因素（市场形势、外部市场环境、内部因素等）进行分析和说明并提出各系统改善的重点要求；必要时说明经营计划和整体经营目标调整情况。

（3）常务副总对各个系统经营计划完成情况做结论性的分析和综述评价，并提出改善课题方向性建议。

（4）生产副总做生产系统影响因素的综合分析并提出各生产单位的本月度改善方向和目标及具体经营计划。

（5）营销副总做营销系统影响因素的综合分析并提出各生产单位的本月度改善方向和目标及具体经营计划。

（6）研发部做研发项目进展情况的概述。

（7）工厂做本部门上月度经营计划执行情况的分析汇报（包括项目性课题进展情况）和本月度的经营计划。

（8）各区域做本区域月度经营计划执行情况的分析汇报（包括项目性课题进展情况）和本月度的经营计划。

（9）各部主管在本月度计划中可陈述资源的请求，由总经理当场给予答复，对于重要课题资源请求会后讨论给予回复。

（10）常务副总做总结并公布召开下次业绩评价会以及提交完善月度计划的时间，并汇总成册。

利润提升

实现企业的利润不断增长，需要结合每个企业的实际情况，对症下药，才能达到预期的效果。

下面两个案例，就是从上一节中所提到的增加收入、降低成本等方面，

第八章
坚守利润

从不同的角度，找到了适合自身的改善点和策略，成功实现了利润增长。

美丽服饰公司以经营服饰服装、玩具、饰品制造为主，针对自身问题，公司侧重于从降低成本、提高生产效率和产品合格率入手，分部门、分岗位实施增长策略。

美丽服饰公司总经理，首要考虑先将新的厂房规划好，尽可能将空出的1000平方米左右的厂房以及旧综合楼出租出去，节约空间，增加收入；人才方面，培养多面手、增加销售额，比如设定采购主管岗位，可以做到细分采购职责、实现真正的货比三家；生产效率发面，先试用一套新的流水线，以期在人工和生产速度上得到提升，并加强产品的质量管控、降低返工率、提高产出速度；建议设计部合理利用库存材料，明确中间流通的物品数据、减少浪费；每月财务部把各项费用明细公布、确定目标，严格执行"费用最小化"方针。

而到了公司生产部门，则在增长策略上侧重节约成本和提高产品合格率两个方面。比如发动全员削减成本，合理利用剩余材料。包装部要及时清理尾货，及时修理返修品；手工、包装启用流水线操作，减少搬运；布料切割和布料库存进行二次利用，杜绝浪费。此外，面辅料仓库报材料时要及时核查库存，先进先出，保证数据正确。

此外，生产部要及时与销售部进行沟通，及时入库，提升二次销售进度的同时，要确保产品入成品库数据的正确性，第一时间满足客户需求；产品大货样要确认，杜绝批量返工，减少退货；按客户要求包装、挂牌、贴唛，多重确认；盒装的数据要清晰、正确，减少二次清点。

通过这一系列的改善，成功为美丽服饰公司带来了不少于200万元的利润增长。

制定利润增长的策略可以是多岗位、多部门寻求各自不同的改善点，也可以集中火力，针对企业最重要的问题和方面实施改善。比如下面这个案例就告诉我们，对于餐饮企业来说，最大限度的节能降耗和提升顾客回头率便是其集中改善的重中之重。

作为当地的一家小有名气的"网红"餐饮企业，S餐饮公司不仅在饮食产品上颇具特色，还十分注重餐饮文化的开发和品牌的打造。因此，提升整体服务水平，推行"感动营销"，提高顾客体验感和回头率是他首要的改善策略，该策略共有四招：

（1）销售异业合作。寻找合作商家，增加客户量。

（2）沉睡会员回访。唤醒消费，消费率提升。

（3）线上平台互动。提高门店曝光度。

（4）寻找社区合作、单位合作，提供工作餐、团购套餐等。

提升外卖销售率。这是针对外部或者说针对客户服务的改善，而针对内部的节能降耗，从这三个方面展开进行：加大线上审批，在线学习，提倡无纸办公，节约办公费用；加强全员用电、用水的控制，人走时，灯灭、水关，避免长流水，长明灯，电器插座不用即关，降低月耗用量；废旧品、进货包装纸箱等统一回收集中变卖。

通过以上四招的改善和执行，为S餐饮公司带来了可观的顾客增长量，节约了大量成本，使公司利润在原有基础上同比增长了近60%。

坚守不仅仅是守住、保住，在此前提下，增长和改变也是一种坚守。哪怕只是一个小小的、节约水电、废物利用这样的日常改变，都有可能集腋成裘，在不久的未来，为你的企业带来突破性的利润增长。

坚守利润的"杀手锏"：单位时间附加值

单位时间附加值是公司利润和员工工资共同组成的，可以把增加值看作是一个蛋糕，这个蛋糕就是由公司和员工两部分来分。但分之前必须将蛋糕做大。

希望通过全员创利模式实现利润增长，还需要学习并应用一个新概念——单位时间附加值（也称作每小时附加值）。

首先需要明确，单位时间附加值是一个衡量小组织单元效率的指标。即：

单位时间附加值 =（总收入 – 总费用）/ 总工时

单位时间附加值是公司利润和员工工资共同组成的，可以把增加值看成是一个蛋糕，这个蛋糕就是由公司和员工两部分来分。但分之前必须将蛋糕做大。很多人容易走入误区，只会分蛋糕，结果蛋糕越分越小。正确的做法是将这个蛋糕做大，越做越大。所以，需要先确定一下公司当年的利润目标，然后以此为基础进行利润的划分。超出的部分，就是利润增长部分，公司会在利润增长部分中拿出一些来作为奖励。

某公司的收入、业绩产生了1000万元，其中支出费用是800万元，那么单位时间附加值就是200万元。

第八章 坚守利润

单位时间附加值中的"时间"也叫工作时间或者劳动时间，这个时间的计算方法是：部门的人数乘以一天实际的工时，再乘以天数，等于该部门的总工时。

比如 S 部门一共有 10 人，一天工作 8 小时，那么该部门一天的总时间就是 80 小时。该部门 10 人每月正常工作 25 天，该部门月度总工作时间为 2000 小时。假设该部门本月创造的单位时间附加值总共为 8 万元。那么，该部门每一个人、每小时人均创造的附加值就是 40 元。

以此目标作为增长基数，比如目标从原来的单位时间附加值 40 元增长到 50 元，那么就可以拿到利润分成。

实现单位时间附加值的增长有三种方法，第一种是销售最大化；第二种是费用最小化；第三种是时间最短化。

在销售最大化中有一个核心概念叫定价决定经营。在对一个产品进行定价时需要考虑两个点：能够实现盈利和客户能够接受。换句话说，想要实现销售利润，就是把价格提高，把增值服务做大。

就整个公司来说，依然是 800 万元的支出费用，但是业绩做到了 1050 万，价格拉高了，服务也提升。卖服务、卖团队、卖企业的文化，单位时间附加值就变成了 250 万元。

无法提升销售产品单价时，就需要内部管理的优化，在内部实现增长。也就是在业绩不变、费用不变的情况下，把劳动时间压缩降低，比如 S 部门将 10 人减成 9 人，用 9 人完成同样的工作任务，同样也能实现单位时间附加值的利润增长。

正视数据，逐步改善

我们来看一个案例。

某工艺品公司，成立于2004年6月，从事圣诞树系列产品的生产和销售，产品全部外销。

2019年，公司业务和人员达到一定规模后，老板感觉管理上越来越力不从心。2020年开始，老板决定导入全员创利模式，希望以此改善公司经营管理，为公司发展带来巨大转变。

首先，该公司大力推行独立核算，每天及时统计各部门收入、支出、工时等数据，每月底要求各小组织负责人，制作本小组织经营报表。该公司3月的核算报表因前期公司基础数据不健全，数据统计不完整，再加上疫情的原因，所以2020年3份的数据有很多是负数（如表8-1所示）。

表8-1 2020年3月全员创利核算报表

项目	制叶小组	扭枝小组	五金小组	灯小组	生产部
出货总收入/元	519792	139998	76424	0	493669
进货总成本/元	808744	46972	56099	0	1188655
制叶小组转入/元		33528			
五金小组转入/元					
绑枝扭枝小组转入/元					
仓库领入/元	808744	13444	56099		
生产总值/毛利/元	-288953	93026	20325	0	-694986
总费用/元	4549	1542	4701	4030	23711
电费/元	1239	826	826	826	
水费/元	22	22	22	22	

续表

项目	制叶小组	扭枝小组	五金小组	灯小组	生产部
劳保用品/元	121	58	157	40	
工具类领用/元	1949	521	2217	59	
机修费用/元	1142	95	258	3080	
办公用品/元	75	20	30	2	
其他/元			1190		
附加值/元	−293502	91484	15625	−4030	−718697
总工时/小时	2194	1426.5	1449	572	16569
每小时附加值/元	−133.77	64.13	10.78	−7.05	−43.38
工资/元	53291	29665	29834	13234	339164
利润/元	−346793	61818	−14209	−17264	−1057861

经过三四个月的努力，到了7月份，核算报表很明显越来越完善，而且有清晰的问题点分析和改进方案（如表8-2所示）。

同时，每月初召开业绩分析会议，由各小组负责人提前做好核算报表，依次上台围绕本组的各项数据作出说明，提出问题点与解决方案，并承诺下个月的单位时间附加值目标；通过独立核算的全面实施落地，公司员工的经营意识明显提升，每个人都关心自己所在部门的销售最大化，费用最小化，并积极为公司提升附加值出谋划策，公司经营不再是老板一个人的事情，而是全员经营，公司每小时附加价值从原来24.65元，持续增长至96.39元，成品合格率从原来的83%增长至95%，返工率从原来每月38次下降至15次，员工工资增长47%以上（如图8-1所示）。

表8-2　2020年7月一车间单位时间附加值核算报表

科目	8月预定	7月预定	7月一车间实际	制叶小组	绑枝小组	7月问题点	8月改进方案
出货总收入（B+C）/元	1628656.14	1600000.00	1736147.44	1085693.74	1620655.29	1. 原定产量950万叶，后调整为1050万叶，导致收入与进货总成本均有所上升增加	8月计划产量1000万叶，1000/1050×173.6=165.3万叶
部门对外出货（B）/元	1628656.14	1600000.00	1736147.44	1085693.74	1620655.29		
转入制枝小组（C）/元				960883.89		2. 制叶小组的每小时附加值只有0.4。因尖头和普头小组卖出价格一样，另材料买进价格和卖出的利润小；算成REACH料，D2033X-54-60一级料成本增加等	8月加强每个订单的及时核算，及时发现并更改卖出价格上存在的错误。减少销售价格计算错误对附加值的影响因素
转入灯头小组/元				117670.50			
转入打包小组/元				7139.35	786569.45		
进货总成本（D）/元	1179195.11	1153789.87	1257021.99	1048595.73	1169310.15		
制叶小组转入/元					960883.89		
打包小组转入/元					834085.84		
仓库领入/元			155954.33	155954.33			
生产总值/毛利（A=B+C-D）/元	449461.02	446210.13	479125.45	37098.01	52471.93	3. 因7月份空压机保养和增加了尖头磨具，导致费用过高	减少机械磨具磨损
总费用（E）/元	72021.52	76595.01	83277.78	35681.56	451345.14		
电费/元	14062.80	15000.00	14990.95	7186.69	47596.22		
水费/元	188.44	150.00	200.88	100.44	7804.26		
劳保用品/元	258.35	150.00	275.40	79.20	100.44		
工具领用/元	204.97	1000.00	218.50	208.50	196.20	4. 6月底与7月底的制品库存数量相当，对7月产生的附加值的影响不大	
机修费用/元	800.00	842.00	1660.64	1272.46	10.00		
加工费/元			3750.00	3750.00	388.18		
其他/元		380.00	1945.00				
工资补贴/元	30372.92	30653.01	32377.53	9154.83	1945.00	5. 现行计算销售价格的方法对制叶小组而言是亏损较大的，主要原因在费用的预算上不足	公司ERP会在9月上线，新的费用核定方式将会更加合理
部门费用分摊/元	26134.03	28420.00	27858.88	13929.44	23222.70		
附加值（F=A-E）/元	377439.50	369615.12	395847.67	1416.45	13929.44		
工时（H）/小时	9790.15	10843.50	10116.50	3497.50	403748.92		
每小时附加值（G=F/H）/元	38.55	34.09	39.13	0.40	6619.00		
					61.00		

第八章
坚守利润

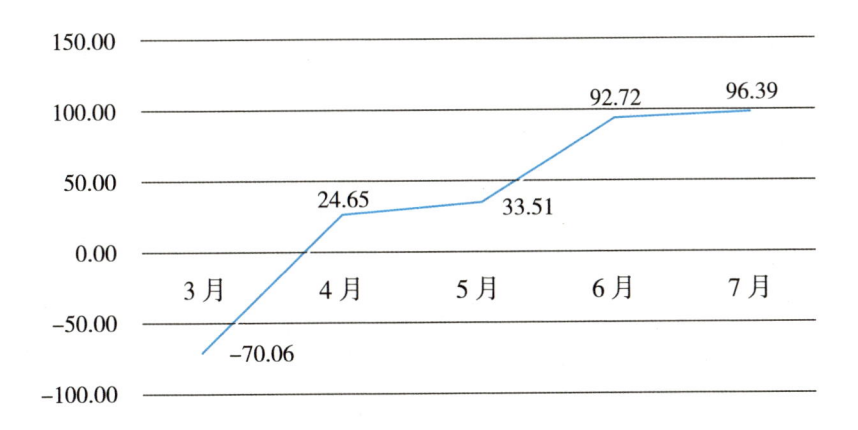

```
150.00
                                           92.72      96.39
100.00
 50.00        24.65
                          33.51
  0.00
              3月    4月    5月    6月    7月
-50.00
       -70.06
-100.00
```

图 8-1　单位时间附加值增长示意图

该工艺品公司，将单位时间附加值融入公司发展中，通过正视数据，从负到正，逐步改善的方式，提升了企业经营能力，实现了利润倍增。

在企业内部形成合力

某家公司 8 月份人均单位时间附加值是 100 元。从经营管理的角度，如果设定 9 月份人均单位时间附加值 120 元。怎么实现呢？一定是奖励机制。如果 9 月份的人均单位时间附加值 120 元的目标达成了，不但对各个小组织发奖金，还将奖励全公司所有人免费旅游休息一天。此时，所有人都希望人均单位时间附加值从 100 元做到 120 元。不同员工之间，不同部门之间，大家就会致力增加公司的收入、降低公司的费用、减少工时这三件事。并且为了这个共同的目标而通力协作，共同努力使其变成现实，因为它已经成了全公司上下共同的利益追求。哪怕两个部门间平时有些矛盾争执，这时候也会为了这个共同的目标暂时放下争议，选择全力合作。

相对来说，这与传统企业只是单纯考核个人的绩效有极大的不同。前者可以形成一个牢固的利益共同体，团结协作、一致对外，而后者只是单打独斗、孤军作战，自己做出了成绩只会有利于自己，与其他人无关，难以形成合力。

单位时间附加值模式的好处就是，个人在完成自己的绩效之外，再加上一部分团队的绩效，这也就要求员工不但要做好自己的工作，而且还要尽量去帮助他人。所以单位时间附加值模式是用来绑定整个团队，使之形成一个利益共同体，从而使大家团结在一起，形成统一的思想，统一的行动，统一的力量，形成哲学共有中的合力。形成合力，就是单位时间附加值的一个具体运用。

锁定目标，使所有人的利益保持一致

很多行业都有淡季和旺季，一年下来销售业绩总会有波峰和波谷，几乎没有哪个行业是从创业一直到现在持续直线上升的。那么如果我这个月是淡季，单位时间附加值只有30元，而下个月是旺季，单位时间附加值预计可以达到200元，目标也定位为200元。结果大家只达到了单位时间附加值180元，是要表扬还是要反省呢？肯定是要反省，虽然这个月单位时间附加值相对于上个月大幅增长，但是并没有达成预定目标，所以必须要反省。

那么如果这个月是旺季，单位时间附加值是200元，下个月是淡季，按以往经验，单位时间附加值只能做到20元。但在全员创利模式下，大家心中没有淡季的念头，依然持续付出努力，最终单位时间附加值达到了35元，是要表扬还是要批评呢？自然要大力表扬，虽然这个月业绩远逊于上个月，但单位时间附加值远超预期，必须要表扬。

所以，单位时间附加值和目标锁定在一起，从中找到缺点和不足，找到相应的改善点。当公司的基本形态确定下来后，每个部门的单位时间附加值都会在一定范围内波动。不同的部门，它的单位时间附加值的波动范围是不同的，因此跟别人比较是没有意义的，只有跟自己锁定的目标去比较才有意义。

如何实现单位时间附加值最大化？简单说，就是要努力实现收入最大化、费用最小化以及工时最短化，具体可以把这三句话总结为六点：增加收入、降低成本、减少浪费、节能降耗、提高生产效率和提高产品的合格率。各个部门从这个方面六点里面去寻找改善点，使公司的利润不断实现增长，使所有人的利益保持一致。

本章思考
THINKING IN THIS CHAPTER

1. 按照业界通行的 PDCA 循环理论，业绩分析与利润提升会议通常需要哪几个步骤？

_____
_____
_____

2. 单位时间附加值指的是什么？它的常用公式是什么？

_____
_____
_____

CHAPTER 9

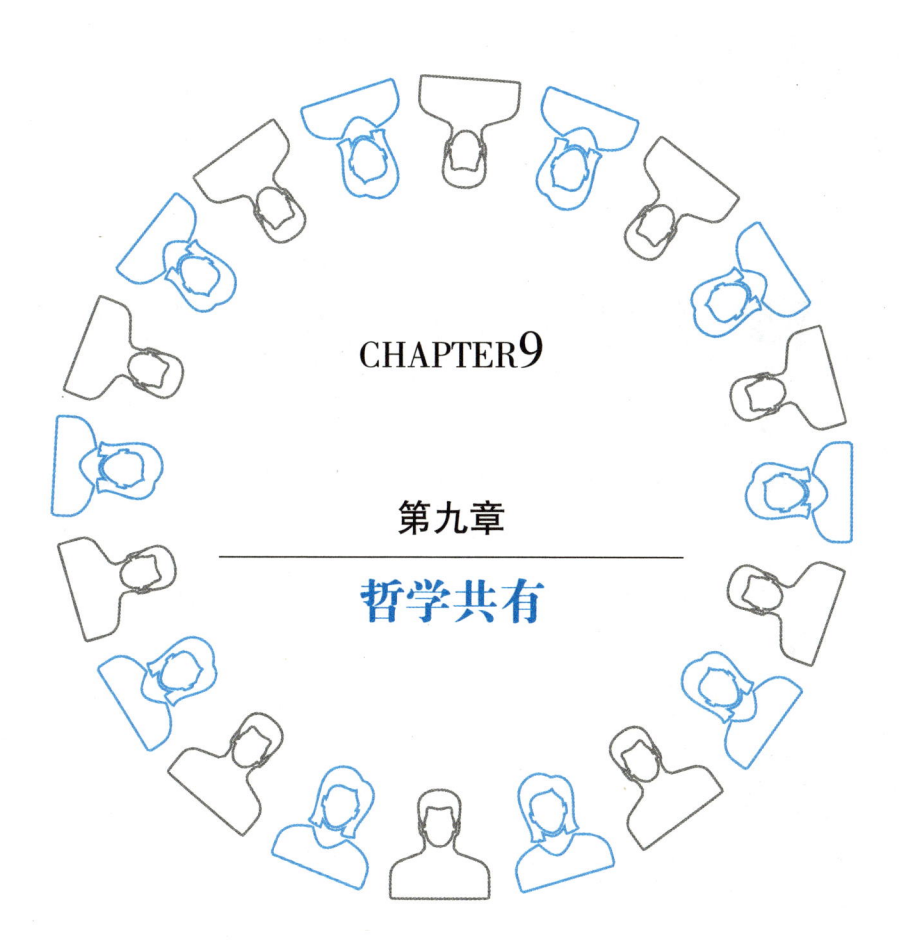

第九章

哲学共有

每个人伸出手掌都有五个手指，每个手指的长短粗细都不相同，但是这五个手指有个共性，它们一起向内形成握力。

企业员工每个人的热情和能力都不一样，但如果每个人具备正确的思维方式，那就会形成巨大的力量。哲学共有，要解决的就是这个问题。

本章核心内容包括：哲学共有的三大目的、哲学共有的三个层次、哲学共有落地六步曲等。

第九章
哲学共有

全员创利模式的哲学共有，就是将企业哲学与全体员工共有，同时树立全体员工的价值观共有，使员工与企业经营者一条心，共同付出，一起努力，让企业获得长足发展。

我们来看第四章介绍过其薪酬改变取得成功的 S 公司，在全员哲学共有上面同样取得成功的案例。

S 公司导入全员创利哲学共有体系后，"日行一善"的哲学总积分每月都会超过万分。这个可喜的成绩，为 S 公司带了翻天覆地的变化，释放了全新的活力。

该公司自 2021 年 5 月份开始在全公司推广"日行一善"活动以来，截至 2021 年 12 月 5 日，共有 78457 条"日行一善"活动记录。人均 179 条，全公司除驻外员工外 480 多名员工，每月坚持参与"日行一善"活动的人数超过 88%。上至管理干部，下至车间一线员工，很多同事都通过哲学手册学习，参与"日行一善"活动，成长迅速，收获颇丰。

2022 年春节，S 公司组织新春演讲比赛，技术部的工程师小刘在演讲中分享了他给家人打电话的小故事。作为不善沟通的理工男，听说给父母长辈打电话也是"日行一善"，决定拿这个来完成"任务"。但当他打电话的时候，他根本不知道应该和家人聊什么，聊工作？聊社会新闻？他只好干巴巴地问家人天气好不好、吃饭了没有。全程尬聊。

几天后，当小刘再次电话给家人时，听到家人很快乐地告诉他，村里人很羡慕他的家人，因为其他人家没有孩子这么勤快地打电话回来。此时，他突然明白了，原来这样一个简单的电话，就会成为家人在村子里的骄傲。家人不一定需要他有非常大的成就，只需要几句简单的问候。

"树欲静而风不止，子欲养而亲不在。"千万不要等到失去了才觉得珍惜。不要让父母等你出人头地了才想孝敬。你每天打个电话关心他们，就是最大的孝敬。

小刘的演讲简朴却真诚，打动了所有的同事，毫无争议获得了第一名。

网销部的主管小高，是一个刚参加工作的年轻小伙子，公司准备在天猫网进行网络销售时，他参与筹备开网店，后来临时领导这个小团队，2020年天猫店试运行几个月，获得50万元的销售业绩。

2021年初，他们给自己定下了300万元的超高销售目标，按月拆分，每个月都需要完成25万元的业绩。但一开始他们就失败了。而且惨败。因为在2021年3月的时候业绩只有5.8万元，距离25万元有着非常大的差距。他很着急和焦虑，试图去改变，带着团队成员尝试做详情页的优化，提升客服话术，做站内推广等。4月份有了一些效果，但仍然与月销售目标有着巨大的差距。自从参加全员创利模式的学习后，他调整重回，从一个人想方法变成他和团队成员互相鼓励，一起学习，一起寻找继续突破的方法。最终，这一战术的改变在7月份带来了回报，因为这个有月销售业绩突破了33万元，高达37.7万元。

小周的做法并不复杂，就是带领团队成员，按照哲学手册里写的"付出不亚于任何人的努力"和"不断树立高目标"，不但加大推广力度，还要求客服做好售前售后工作，发货要及时，处理售后问题要细心，态度要好，一个差评都不能有。因为一个差评都可能

第九章
哲学共有

让团队前功尽弃。

苦心人天不负，到 8 月份时，他们的销售业绩首次突破单月 40 万元，9 月份更是突破了 56 万元。最终这个年轻的团队，超额完成全年 300 万元的销售目标，总业绩达到了 330 万元，超出年初预期的 10%。

一个企业缺乏正确的经营哲学，就会沦落为一个利益机器，整个组织就失去了最核心的灵魂。这是一个企业走向腐败没落的开始。建立企业的经营哲学，并使之全员共有是一个企业的核心竞争力。我们所讲的哲学共有，特指企业内部的经营哲学，其体系包含人生哲学和经营哲学，囊括哲学的"六个一"、六项精进以及"日行一善"的理念。

哲学共有的三大目的

人心犹如一片花园，要么满庭芳香，要么杂草丛生。在企业内部导入经营哲学，进行哲学共有模式的共建、共享，就是在企业花园里"锄草"。

哲学是一种思维方式，虽然看不见摸不着，但每一个人都拥有，因为你每遇到一件事情的时候，都会做出一个判断，这件事情该做还是不该做，这个判断是由你的思维方式决定的。思维方式背后所隐藏的就是你所拥有的哲学。

人生哲学体现在方方面面。所以在这本书里，我们主要谈经营哲学。

经营为什么需要哲学？举例来说。一根干木头，我们要把它保持平衡地拿起来，并不是托举木头的中间点，而是要找到平衡点，这个平衡点有可能是中间往左一点，也有可能是往右一点，也可能在木头的正中间。它到底在哪儿，要视你托举的木头大小和形状而定。

经营企业与托举一块木头的道理是一样的，要成功经营，实现盈利和发展，就要找到企业的这个平衡点。

对企业来说，生产赚钱很重要，分配体系很重要，利润绩效也很重要，但最重要的平衡点是企业的凝聚力、执行力和向心力，以及员工对企业的归属感，员工对领导者的认同感，这都来自一个企业道与术兼备的经营哲学体系。

第九章
哲学共有

人心犹如一片花园，要么满庭芳香，要么杂草丛生。日行一善，每天坚持做一件善事或是一项改善，其实就是在耕作，耕作你内心的那片田地。如果一天到晚疏于耕作，一直被负能量所包围，心田一定会长出杂草。

一位做印刷的广东学员分享说，他们进口了好几台海德堡印刷机，一台五六百万元，这种进口设备的维护保养需要特别用心，一旦坏了，维修费贵得吓人。所以，厂长特别开了一个会，强调新设备要好好维护和保养。为了检查会议的落实情况。一周后，厂长去车间巡查，结果发现一名员工在一边听音乐一边操作，他看不过去，便走过去批评了员工几句。

当天晚上下班时，这名怀恨在心的员工，将一些废油墨直接倒进印刷机里面。第二天接班的员工没有检查，直接开机印刷，结果印出来的全是残次品，几万元的原材料就这样浪费了。

员工内心一旦"长草"了，一切努力都白费。

在企业内部导入经营哲学，进行哲学共有模式的共建、共享，有以下三个目的。

每一个人必须遵守的规范和规则

一个企业的正常发展离不开两套体系，一套是有形的，就是企业的制度，就是日常必须遵守的规范和规则；另一套是无形的，就是企业的文化，企业的哲学，也是每一个人内心的良知，每个人的思维方式。

有的企业家会认为无形的哲学本身很难落地，通过有形的制度，员工都能拿工资，企业状态也很好。但是，有形的制度再严密，也无法管理人心，企业制度再好，员工都能够帮你找出漏洞来。

比如：某公司平时是 8 点上班，因为要提前 10 分钟开大会，所以改成 7 点 50 分上班。这时，对于那些经常迟到的员工来说，意见就会很大，但是对另一些往常 7 点半甚至 7 点就来了的员工，就没有任何影响。

所以企业有形的规章制度是对员工产生约束力的，而无形的文化和哲学则是在宣扬"善"的一面，一个企业如果拥有了无形的文化和哲学，就会懂得关爱他人，相互尊重，这些共同的行为构成企业的共同价值观。

为了实现企业的目的或是目标

当一个企业有了规范和规则之后，为了实现企业的目标，就必须去遵守这样的规范和规则。经营哲学提倡追求全体员工物质和精神两方面的幸福，那么如何才能实现物质的幸福？必须在早期有规划和规则，有目标的设定，然后给员工一个理想，也就是未来企业要实现一个什么样的目标，比如参照一些比我们发展得好，规模还要大的企业，我们要比他们更加积极努力，更加坚定，争取超越，这需要全体员工共同参与，团结一致。

企业设定的目标不同，决定了企业所拥有的哲学是什么模样的。

某公司在创业早期在一个工业园区里租了间简易的办公室。老板一直和他的员工强调：我们未来要成为本领域第一的公司。每一次公司聚会喝了酒之后，负责人就开始讲他所谓的宏大理想。

很多员工听完都觉得不可思议，抬头一看简易的办公室，觉得先不要说行业第一，隔壁公司都要比我们好很多。但有一部分员工相信老板了，一起与老板努力工作。

后来因为业务扩大了，公司搬到新办公室去上班，员工们发现原来感到有些不可思议的事情，好像正在慢慢变为现实。于是在庆祝了乔迁之喜后，所有人坚定要成为行业第一的理想和信念，比之前更加努力。

无论企业拥有什么样的目标，为了实现它，大家会付出不亚于任何人的努力。这是导入经营哲学的第二个目的。

塑造企业的品格

企业的发展靠的不是一个人的单打独斗，而是整个团队的执行和落地，以及目标实施的意义。因此，在追求目标的同时，还需要塑造企业的品格——这就是当我们实现了更高的目标之后，我们肩上承担了什么样的责任，才能持久地让客户满意，才能持久获得社会的好评。

每一个人生下来都有先天的性格，天生感性，天生理性，天生大胆，天生细心，每一个人的性格不一样，但是一个企业中各种迥异的性格如何做到统一呢？

有一位企业家曾说过一句话："不管你是红色还是黄色，你到了我这里我就会把你变成蓝色。"每个人不同的性格是先天的性格，通过后天的哲学可以营造出一群人共同的品格。

总之，经营哲学是企业指导思想的根本，是为了实现企业的长久发展，并以正确的思维方法把正确的事情贯彻到企业的每一个角落。

哲学共有的三个层次

经营哲学在企业内部滋养管理者和员工的心灵,但不可急于求成,它有由浅入深的三个层次,逐渐养成。

经营哲学在企业内部滋养管理者和员工的心灵,通常表现为"知—信—行"三种层次。知是知识,信是见识,行是胆识(如图9-1所示)。

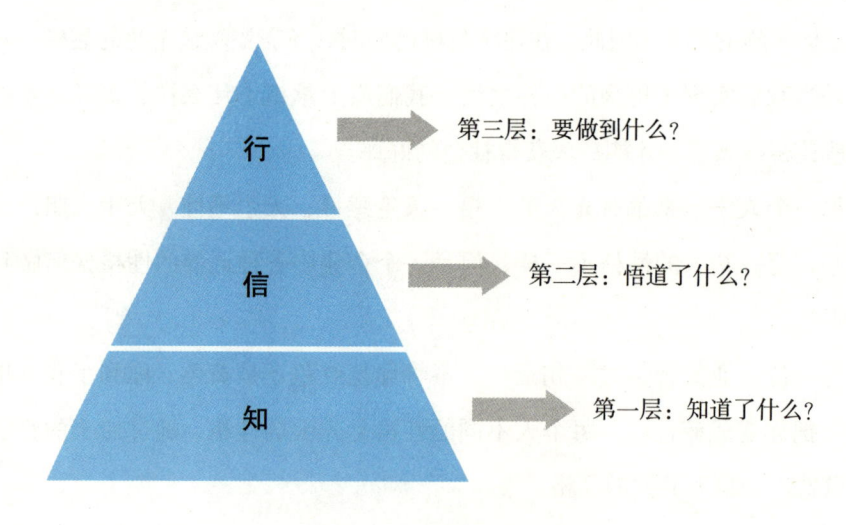

行 → 第三层:要做到什么?
信 → 第二层:悟道了什么?
知 → 第一层:知道了什么?

图9-1 经营哲学渗透的三种层次

第九章
哲学共有

知

在经营哲学体系，知是知识，知道了什么？表现为员工新的感知和认知。

比如：

某公司平时8点上班，因为要提前10分钟开大会，所以改成7点50分上班。这时，对于那些经常迟到的员工来说，意见就会很大，但是对另一些往常7点30分甚至7点就来了的员工，就没有任何的影响。

当一个企业有了规范和规则之后，为了实现企业的目标，就必须去遵守这样的规范和规则。这就是知。

信

企业有形的规章制度不但对员工产生约束力，还会潜移默化地影响到所有人，使大家懂得关爱他人，相互尊重，这些共同的行为构成企业的共同价值观。这就是信。悟道了什么？从感知和认知，上升到了行为的转化。

有的企业家会认为无形的哲学本身很难落地，通过有形的制度，员工都能拿工资，企业状态也很好。但是，有形的制度再严密，也无法管理人心，企业制度再好，员工都能够帮你捅出漏洞来。

一个企业如果拥有了无形的文化和哲学，企业的发展靠的就不再是一个人的单打独斗，而是整个团队的执行和落地，以及目标实施的意义——我们肩上承担了什么样的责任，才能持久地让客户满意，才能持久获得社会的好评？

行

这是经营哲学渗透的第三个层次，也可以说是最高级别的层次——要做到什么？它要求产生认同并在行为了修炼。

全员创利经营哲学提倡大家追求全体员工物质和精神两方面的幸福，那么如何才能实现物质的幸福？必须要在早期有规划和规则，有目标的设定，然后给员工一个理想，也就是未来企业要实现一个什么样的目标，比如参照一些比我们发展的还要好，规模还要大的企业，我们要比他们更加积极努力，更加坚定，争取超越，这需要全体员工共同参与，团结一致。

那么，如何用正确的思维方法把正确的事情贯彻到企业的每一个角落呢？这就需要我们对经营哲学的正确理解。

第九章
哲学共有

哲学共有的两个"六"

六个"一"和六项精进作为哲学共有落地的知识体系，可以使企业的经营哲学和员工进行"共有"，带动大家一起奋斗，一起努力。

全员创利模式的经营哲学与阿米巴经营哲学一样，有两个核心理念，那就是六个"一"和六项精进。

六个"一"

经营哲学的六个"一"是：一个发心，一个原点，一个司训，一把尺子，一组口诀，一篇《大学》。

一个发心

简单来说，"一个发心"就是企业的使命，经营的目的。

使命是企业经营的起点，愿景是终点，价值观是我们从起点到终点的过程，也就是要遵循的原则。企业经营的起点是追求全体员工物质和精神两方面的幸福，并为社会做出较大的贡献。作为企业的精神领袖一定要有正确的经营哲学，只有这样你才能使企业的经营哲学和员工进行"共有"。

凡是面临危局的企业，企业的这个阶段是很难有正确的经营哲学的，整个组织会慢慢腐败，最终会变成一个利益工具、利益机器，整个组织就像没有根的大树，开始枯败、死亡。

那么企业的使命是什么呢？来看一个例子。

某公司在创业之初从人才市场招了11名大学生，一年后，这11名大学生找到公司负责人，要求涨工资，并要保证每年给他们涨多少工资，未来给他们多少股份，以此来保证他们的前途，不然他们就坚决辞职。

公司负责人说："你们来公司的时候，我就跟你们讲了，公司未来会做得怎么样。你们才刚做了一年，还没拿出什么成绩，就来提要求，还威胁辞职，这样恐怕不合适。"

学生却说："我们11人把青春交给你，把未来寄托给你，你如果都不保证我们的前途和幸福，那我们怎么放心跟着你？"

公司负责人一思索，员工讲得似乎也有道理，于是约定第二天再谈。

当天晚上负责人回到家里睡不着觉，反复去思考经营的目的是什么。

负责人觉得，他创业之初经营企业的目的，和大多数企业一样，是为了把他的技术发扬光大。但，为了实现把这些技术能够推广到全世界去的目的，必须要获得员工的支持和追随。那么，员工凭什么愿意支持他？这就需要有追求员工幸福的理念。

于是第二天他继续找员工谈判，承诺保证员工的前途，并表示要为员工的幸福而努力。员工听后很开心，问道："既然承诺了给我们的幸福，保证我们的前途，是不是更应该明确明年给我们加多少工资呢？"

第九章
哲学共有

负责人说:"我还是不能承诺一个具体的数字,万一承诺了又兑现不了,我不是在欺骗大家吗?我不愿意做这样的承诺,没有100%把握的事我不做,我会保证竭尽全力为大家的前途和幸福努力。"

11名员工收回了辞职书,回到工作岗位之后没有再提加工资的事情,但却比以前更努力了,也比以前对企业更满意了。

事后,负责人反复思考经营企业的目的,他想明白了"只有把目的集中到追求全体员工物质和精神两方面的幸福上面来"才能让员工持续追随企业,企业的经营目的也才能达到。

医生的使命是救死扶伤,教师的使命是授业解惑,军人的使命是保家卫国,企业家的使命是员工幸福、客户价值、股东回报。当这些人践行了使命之后,他们便得到了别人发自内心的尊重和感谢,这就是使命。

一个人来到社会上没有一个明确的目标,没有一个明确的使命,他也很难有成就。所以当他能够稍微上升一个层次,比如一定要为家族做点什么,他就能够成为一个优秀的家长,就能够带动家族成员一起奋斗,一起努力。

当一个人能够上升到要为身边的伙伴而努力时,他就能成为一个领导者。当一个人能想到除了要成就身边的伙伴,还要感谢客户,成就客户,想办法为客户做什么事的时候,他就能成为一个企业家。他的"发心"越大,影响力也就越大,领导力也就越大。

所以领导者的第一要素就是要明确除了自己之外,你要为了一件什么事而奋斗,你要为了一件什么事而全力以赴、舍生忘死。当一个人明白了这件事的时候,才能成为真正的自己,所以这就是使命,这就是第一个"一"——发心。

一个原点

作为人，何为正确？也就是一个人要怎样做才算是正确的。善良、诚信、谦虚、勤奋、勤俭，这都是一个人最基本的要素。

在我们的人生中会遇到很多个选择的岔路口，比如决定考哪所大学；选什么样的专业；决定在老家发展还是去大城市闯荡？决定去这家公司还是那家企业。我们每次要做选择的时候，除了希望这个选择是正确的，同时也希望他人认可自己的选择。这样的认可在别人看来那么也是有价值意义的，值得去做这个决定。因此，坚持正确的为人之道，坚守以良心为基础的伦理道德观念。无论对于每个人的人生，还是对于企业领导者的资质、企业员工的基本素质，都是不可或缺和难能可贵的。

海底捞作为我们身边的企业，它在经营管理中关注到员工父母的案例，给了我们"作为人，何为正确"一个最好的诠释和榜样。

在海底捞，优秀员工的一部分奖金，由公司直接寄给父母。此外，在海底捞工作满一年的员工，若一年累计三次或连续三次被评为先进个人，该员工的父母就可探亲一次，往返车票公司全部报销，其子女还有三天的陪同假，父母享受在店就餐一次。

孝敬父母是中国文化的根，这也是作为人何为正确的根。海底捞的举措，对在餐厅工作服务员们来说，是莫大的激励。你见过哪个员工工作父母也能跟着收工资的，当你父母每月按时准点的收到这笔钱的时候，这可是他们在街坊邻居之间的大骄傲。反过来，这些员工的父母们也会不停地鞭策子女，勉励他们在餐厅里要好好努力工作，要做出更大的贡献，这是进一步的正能量循环，激励员工更好的为企业努力工作。

第九章
哲学共有

一个司训

"一个司训"又是什么呢？按稻盛和夫先生的哲学观点，这就是敬天爱人。语出《孟子·离娄下》，"爱人者，人恒爱之；敬人者，人恒敬之"。

漫漫历史长河中，"敬天爱人，德政保民"始终是民本思想的主要内容，也是中国古代哲学的核心。

我国古代的伏羲传说中蕴含着"敬天爱人"的思想。伏羲教育后世子孙，天地间万物的运转皆有其规律，人与天地规律相契合，才能让人过得更好，所以要敬天爱人。

在西周时期，为了总结商纣失国的教训，周王朝确立了民本德政的思想和国策，并认为如果统治者有德，上天会赐予天命；如果统治者失德，则会撤回天命，转给另外的有德者。因此，周王朝的统治者通过礼乐来发扬和实施让周获得天命的"德"，也就是"以德配天"。

周王朝奉行"天视自我民视，天听自我民听""民之所欲，天必从之"，即上天借着人民百姓来表达意思和施行选择。于是，这种德性政治自然由"敬天"转到了"爱人"，也就是敬天保民、明德慎罚、厚利民生。

在全员创利哲学共有体系中，"爱人"主要体现在企业领导者关心、爱护每一位员工，包括他们的工作和生活，来看下面一个案例。

"我王卫向所有的朋友声明：如果我这事不追究到底，我不配做顺丰总裁！"

这是顺丰快递的总裁王卫曾经发的朋友圈的一句话。

事情的始末是这样的：2016年，"快递小哥被扇耳光"的事情上了热搜，一位身穿黑色衣服的男子在视频里对一位顺丰快递的小哥连打耳光，一边打一边骂，而被打骂的快递小哥只能唯唯诺诺，任人打骂。而起因不过是很简单一件小事，送快递的小哥不小心把那位黑衣男子的小轿车剐蹭了，对方则拳脚相加。

这个社会上的事情太多了，人们往往也只是谈论一阵就慢慢忘掉了，但是超出所有人的意料，王卫为了自己的员工勇敢站了出来，并发了这样一条朋友圈。

在顺丰介入之后，事情得到了公正的处理。快递小哥终于得到了自己的正义，黑衣男子因涉嫌寻衅滋事被依法处以行政拘留10天处理。

和下属一起工作，帮下属出气，这就是快递小哥嘴里的"王哥"。而顺丰的快递员工，无疑都为这样一个老板，为自己的行业感到自豪。

一把尺子

社会上有两个极端现象，一端是极端利己，也就是损人利己，另一端是极端利人，也就是损己利人。极端利己实为害己。企业的本质就是为社会带来价值，为客户带来价值。领导力的核心就是利他的能力。

在2001年前，安然公司曾经是世界上最大的能源、商品和服务公司之一，名列《财富》杂志"美国500强"的第七名，然而，2001年12月，因为做假账事件的发酵，使得安然这个巨型公司瞬间倒塌，成为美国历史上第二大破产企业。

然而，安然的破产真的只是因为做假账吗？随着调查和信息披露的深入，人们发现，安然当时的CEO正在抛出手中的安然股票，而且他不断宣称安然的股票会从当时的70美元左右升至126美元。按照美国法律规定，公司董事会成员如果没有离开董事会，就不能抛出手中持有的公司股票。此外，公司的董事会、监事会及一些高级管理人员，都被指控疏于职守、虚报账目、误导投资人以及牟取私利等。这些人的行为就是损人利己。

一组口诀

指的是根据事物的内容要点编成的便于记诵的语句，琅琅上口，便于记忆，便于传播，是传播经营哲学的最好工具。

比如：共平台，合心愿，己努力，养自己，养他人，己成长，他成长，共成长，共长久。

每个企业都应该有这样一组口诀。

一篇《大学》

《大学》的核心是内圣和外王两个部分。内圣就是先做好自己，分成格物、致知、诚意、正心和修身；外王就是齐家、治国、平天下。一个人身不修，何以齐家；家不齐，何以治国；国不治，何以平天下。所以，首先要从修身开始，修身方能齐家，齐家方能治国、平天下，这是一个人安身立命、建功立业的顺序，也是《大学》的价值。事实上，一篇《大学》最大的价值在于企业内部全员进行诵读，进行演讲比赛，或者化书成课当作一门经营哲学课来培训。总之，通过多种多样的形式，让全员读懂《大学》，应用《大学》，《大学》的光芒才能照耀到企业的成长与发展。

六项精进

在稻盛和夫先生看来，经营哲学的六项精进是做好企业经营的基本条件，同时也是我们度过美好人生必须遵守的最基本条件，它们分别是努力、谦虚、反省、感谢、善行和戒烦（如图9-2所示）。

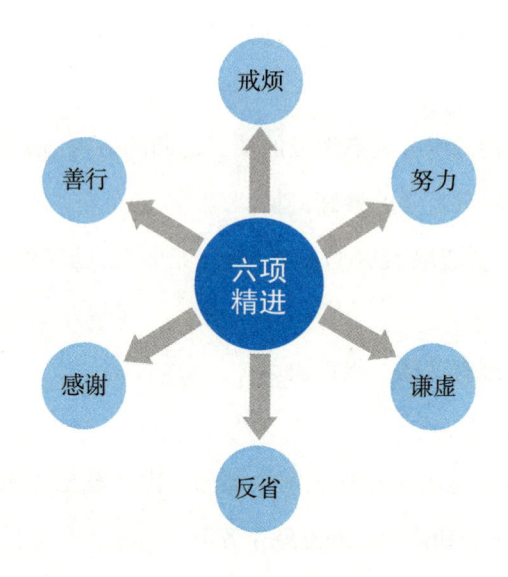

图 9-2　六项精进示意图

努力

这是第一项精进，付出不亚于任何人的努力。这个世界上，所有的生命都在向上努力，向上生长。稍微有了一点成就，就想停下来休息，这是贪婪的想法。比如一棵小苗，它在干枯的田地里拼命向上生长，每天吸收一点阳光雨露。它们没有休息的想法，它们没有抱怨自己的环境恶劣而停止努力，它们都在拼命向上生长，"努力"是自然界的基本常理。唯有努力，才能改变人生，改变命运！

有一天，一座庭院门口来了一个乞丐，乞丐和庭院女主人说："我已经两天两夜没吃东西了，求求你给我 20 元钱，让我去买点吃的。"庭院女主人指着门口的一堆砖说："你把这堆砖搬进院子里，我就给你 20 元钱。"乞丐一看有那么大一堆砖，要好几个小时才能搬完，

第九章 哲学共有

于是他一声不吭地走了。

过了几天,又来了一个乞丐。这个乞丐是残疾人,只有一只手。对庭院女主人说:"我已经两天两夜没吃东西了,求求你给我20元钱,让我去买点吃的。"庭院女主人依然让他把门口的那堆砖搬到院子里。这个乞丐看到砖后说:"这么大一堆砖,我只有一只手,你怎么忍心让我去搬呢?不想给就直说。何必捉弄人呢?"

庭院女主人听后并不生气,而是把一只手背到身后,只用一只手拿起一块砖放到院子里,并说:"你看我不也是用一只手,照样可以搬砖。"乞丐若有所思,沉默了30秒之后,开始用一只手搬砖,搬了整整几个小时才搬完,然后他走到庭院女主人面前深深鞠了一躬,道了声谢谢,并没有要一分钱就转身走了。

若干年后,一辆奔驰车开到了庭院门口,司机下来打开了后排座的车门,从车里走出来一个西装革履、一看就气质非凡的成功人士,唯一略显不足的是,他只有一只手,另外一个空袖子在空中晃荡着。这个人来到庭院女主人面前,动情地对她说:"如果没有你,我今天可能还是一个流落街头的乞丐,是你让我明白了通过自己的努力可以改变自己的命运,可以改变自己的人生。"

这个人后来成了优秀的企业家。努力和勤奋是改变人生、改变命运的必要条件。我再用几种简单的算式给你算一下,结果胜于雄辩。

第一种是每天多干10分钟,多10分钟的努力,一周多50分钟,一年就可以多干2600分钟。

第二种是每天进步1%,那么一年后等于和别人拉开了37.8倍的差距。对任何一家企业每天来说,1%的努力和积累,就会让你与同行拉开天壤之别的差距。

　　第三种是 24 小时细分法,可以把一天 24 个小时分成 10 个阶段,第一个阶段是凌晨 24 点到 5 点,第二个阶段是 5 点到 8 点,第三个阶段是 8 点到 10 点,第四个阶段是 10 点到 12 点,第五个阶段是 12 点到 13 点,第六个阶段是 13 点到 15 点,第七个阶段是 15 点到 17 点,第八个阶段是 17 点到 19 点,第九个阶段是 19 点到 21 点,第十个阶段是 21 点到 24 点。结果调查统计下来,正常人只在三、四、六、七、八这几个阶段去努力,而优秀的人要多干几小时,除了第一个阶段外,其他的二、五、九这个阶段都在努力。

　　最后,请大家记住著名的兰彻斯特法则。兰彻斯特法则又称兰彻斯特的战斗力定律,是英国工程师 F.W. 兰彻斯特提出了描述作战双方兵力变化关系的微分方程组:战斗力 = 参战单位总数 × 单位战斗效率。运用到工作和生活中,它告诉我们一个惊人的秘密,1 个人的工作时间达到别人的 2.236 倍,他就能达到 5 倍的效果。只要你努力付出,你就能获得数倍的回报。

谦虚

　　要谦虚不要骄傲,这是做人最重要的道理,企业经营管理更应如此。有些商界大佬出门相当有排场,保镖、豪车、司机,应有尽有。但稻盛和夫不是,他是一位谦逊的日本企业家。在国内,华为的任正非、格力的董明珠都是声名显赫却又低调谦逊的企业家。任正非经常去员工餐厅和员工们一起排队买饭,出差也是自己坐飞机,自己叫出租车,经常会有人在机场偶然遇到任正非,看上去他哪里是身价千亿的董事长,这看上去明明只是一个普通的老人而已。与任正非一样,董明珠出差也从来不带秘书、助理之类的随行人员。

　　保持谦虚坦诚之心,另外还有一层意思,就是承认公司包括我自己都有不足之处。有不足就会加以改进,而不是"躺平"。因为"躺平"只会带来麻痹大意,看不到经营危机和管理危机的苗头,等到危机的小火星变成熊熊大火时，想扑灭它，就要付出巨大的成本。

反省

《论语》记载，曾子曰："吾日三省吾身，为人谋而不忠乎？与朋友交而不信乎？传不习乎？"意思是说：我每天必定用三件事反省自己，替人谋事有没有不尽心尽力的地方？与朋友交往是不是有不诚信之处？师长的传授有没有复习？

企业家的"三省"：没有尽心尽力为员工谋求福利、有没有尽到企业家的社会责任？有没有与商界朋友、供应链上下游诚信相处，不欺人也不欺己？经营管理的方式方法有没有与时俱进地更新？

员工的"三省"：有没有尽心尽力地为公司、为客户做事？同事之间有没有诚信相处、是否将客户当朋友诚心相待？各种工作技能是否用心学习过、应用并创造了价值？

感谢

古语说："滴水之恩，涌泉相报。"只要活着就要感谢。每天早晨睁开眼睛，第一件事就是感谢上天让我能够醒来，感谢周围的空气、水、大楼，甚至我们的身体。当你发自内心地去感谢周围的一切，无论人、事、物，你和自然界的关系也会变得更加和谐，你的身体也会变得更加健康。

所以，每天只要能够活着就要去感谢，这样我们会变得越来越幸福，越来越健康，也会变得越来越和谐。

善行

豪特厨具股份有限公司总部位于石家庄，在全国有四个6000平方米以上的大卖场，员工200余人，豪特厨具的经营理念以追求全体员工物质与精神两方面幸福为目标，竭力推行互帮互助、齐心协力等大家庭文化，同时让员工学习和接受阿米巴哲学，汲取中华传统文化的教训，引领正确的为人处世之道。

在经营哲学与独立核算的引领下，2016年豪特厨具的业绩增长13%，费用率直接下降5%，人员减少5%，利润提升50%以上，更重要的是员工的心性得到了很大的提升。通过内部反省，"日行一善"，员工具备了利他与奉献精神，在经营哲学的引领下持续奋进，为实现豪特全体员工的精神幸福不断努力的同时，同时为社会贡献了一份力量。

豪特厨具的员工曾感慨："一开始的时候大家都觉得，'日行一善'不是很简单的事情吗？但是真正做到'日行一善'的人却没有几个。但是通过老师指导'日行一善'的意义和目的，现在各分公司的每一位员工基本能做到每一天至少做一件利他的事情，并且分享出来影响其他同事，真正做到了'有言实行'。"

每天坚持做一件善事。善不分大与小；它是一种给予，是谦虚地做人，是一种正念，是一种自我反省，也是人与人之间的包容与谅解。无论从企业文化、企业哲学还是社会价值方面，"日行一善"都能使员工个人甚至整个企业在未来获得不可估量的回报。

> 小王发现工作场所的大风扇转速越来越慢，一天中午休息时，小王关掉风扇电源，准备检查一下到底是什么原因。检查后发现，原来风扇的转轴有很多尼龙丝缠绕着，于是小王试着拆开风罩，把尼龙丝清理掉，并抹掉风扇上的尘土，加了些润滑油，然后再装上风罩、插上电源一试，果然不同了，风很大。看到风扇能正常运转，小小的问题能自己解决掉，小王心里乐滋滋的。

小王的"善行"启迪我们，"不以善小而不为"，有时正是在一些小事

第九章
哲学共有

上的行善，才更让人愉悦，包括在工作中，包括一些切实有效的建议。

小章上午在卖废料时突然口渴了，于是回办公室喝水，刚巧看到出口部的同事拿了好几个客户的订货单给部门同事，新来的同事小陈不是很懂哪些是有库存、哪些是没库存需要下单的，于是小章主动告诉小陈哪些是常规不需要下单的，哪些是需要下单的，并告诉她供应商该怎么下，帮她检查确认没错之后才继续做自己手头上的事。

小章的"善行"启迪我们：同事之间在工作中应该互帮互助，这样既能使新来的同事早点熟悉自己的工作，不会感觉压力大，也能增进同事间的友爱与交流，使工作更有效率。

小徐所在的工厂需要购买一台机器，售卖机器的商家报价59550元一套。小徐起初多次跟商家沟通想让其优惠些，但对方丝毫没有要让步的意思。于是，小徐利用公司陈部长教给他的谈判方法，转换谈判方式，告诉商家别家的厂家多么便宜，并打算从别的厂家购买机器。商家有了危机感，最后小徐成功砍价到57000一套成交，比之前优惠了2550元。

小卢发现7号机专用管子在新车间用不上，于是他整理好后，拿到老车间7号机用，并且把管子擦得干干净净。由于长度不同，怕工人用错，小卢把每根管子长度都量了一下，把长度写在管子上，工作时有意去注意，做到利用最大化，减少浪费和损失，把现有的资源用起来，为公司节约成本做出小小的贡献。

小徐和小卢的"善行"启迪我们：企业员工的"日行一善"不仅体现在帮助别人，提出建议，更体现在为企业尽力着想，节能降耗，节约成本方面。

重阳节的那一天晚上某公司员工小红下班后去接儿子放学，回家路上看见清洁工和交警还没下班，于是她把车停在路边叫儿子把重阳糕拿两袋送给交警和清洁工，儿子想了想，似乎明白了妈妈的意思，于是跑过去送重阳糕。

小红的"善行"启迪我们：在做到"日行一善"之前，首先要学会感谢和感恩，正如前面所说，对生活中的人、事、物都要怀着感恩之心。

从小事做起，"日行一善"，每天坚持，积少成多，改变你的员工的命运，也就是改变你的企业的命运。

戒烦

什么是"不要有感性的烦恼"呢？这就是人们常说的人生不如意的事十之八九。不要总是抱怨人生，人生本来就是波澜万丈的，只要活着就会遭遇各种困难和挫折，绝不能被它们打垮，绝不能消极面对，硬着头皮顶住，不忘初衷，努力做好自己的事，不要有感性的烦恼。

第九章
哲学共有

哲学共有落地六步曲

经营哲学在企业内部构建与落地不可追求一蹴而就，一劳永逸。一般来说，哲学共有在企业内部落地需要分六步走，也就是六大步骤——"六六大顺"。

如前所述，经营哲学是公司发展经营的一种规则，是全体员工必须共同认同、共同遵守的一项基本准则。没有哲学作为前提的全员创利模式，在划分小组织之后，会导致每个小组织成为各自独立的"小集体"，进而彻底失去凝聚力。而以哲学作为基本前提的小组织，则能够有效提升全体员工的向心力，公司全体员工为了同一个目标，齐心协力，共同奋斗，进而迸发出惊人的力量，产生最大的效益，最终反馈给公司的全体成员。

但经营哲学在企业内部构建与落地不可追求一蹴而就，一劳永逸。一般来说，哲学共有在企业内部的导入落地，可以分以下六大步骤。

通过哲学手册的确立，使全体成员实现使命、愿景和价值观的统一

优秀的哲学手册集企业的社会使命、发展愿景和价值观于一身，而且语言深入浅出、通俗易懂，在具备较强的理论价值的前提下，突出了其普适性，对于全员创利模式的进一步推广和顺利落地，具有极高的参考价值和理论指

导意义。

我们前面提到过的案例公司蓝天通信，曾结合公司的企业文化、价值观，制定并印刷出版了《蓝天哲学手册》，每日全体员工晨读哲学手册，每周将自己的哲学领悟在小组内进行分享，小组织负责人整理优秀朗读领悟汇总到执行组长处，在公司内进行宣传；通过哲学渗透，以哲学来约束自己，统一思想和行为。

通过"三有"早会的实践落地，将无形的文化转换成有形的生产力

正所谓，要成功，先开会。会议即是总结之前的工作，也是展望下月的目标！即是指导下属的培训，也是鼓气表彰的激励。

所谓"三有"早会，就是每天要召开一次有哲学、有数据、有改进措施的晨会。一年之计在于春，一日之计在于晨。每个工作日早晨的会议开好了，这一天员工都有精神状态，工作就会有效率。

"三有"早会要求全员参与，流程如下：

晨会主持人模块

（1）问好：各位伙伴们大家早上好！（大家回复：好，非常好）；

（2）自我介绍：我是今天的主持人×××。

（3）口令状态提升：接下来听口令做动作立正、向右看齐、向前看、稍息。（仪容、仪表、精神面貌检查）。

（4）晨读及学习分享：今天我们学习第1条：……

（5）领读分享：通过学习我的收获是：……

我的分享结束谢谢大家。接下来有请×××为我们做工作总结。

负责人总结模块

（1）工作总结和相关事项传达和安排

昨天目标完成情况？目前累计完成？差距多少？

昨日问题点是什么？今天工作改进重点是什么？

工作突出者口头表彰表扬？

目前各小组哲学排名情况通报？要求是什么？

哲学积分优秀践行者表彰表扬？

（2）当日工作关键点支持与协作

各部门有什么需要协助或是配合的？早会到这里结束，散会！

通过哲学积分制度的深度践行，建立一套使员工在企业中可持续发展的激励机制

立足于哲学积分软件和"日行一善"的基本原则，致力于树企业楷模、立岗位标兵为最终归宿，积分小组在积极搭建完善哲学小组架构的基础上，不断优化小组成员的职责。总辅导员：负责整体运作辅导工作；审批员（不参与积分）：负责积分审批、向上级汇报、总结、跟踪、检查改善等工作；辅导员：授权小组织负责人执行管理、辅助小组织负责人进行管理小组等工作；成员：配合小组织负责人落实具体工作（如图 9-3 所示）。

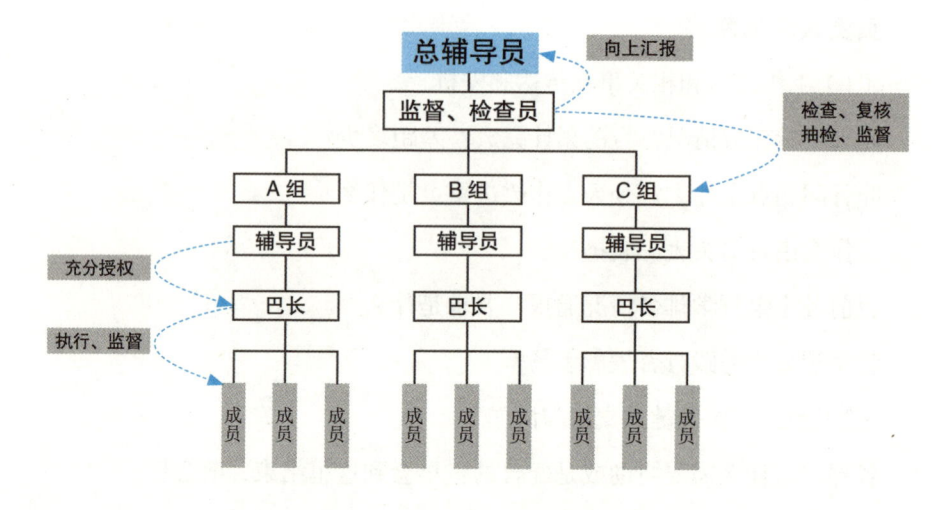

图9-3 常用哲学小组架构示意图

哲学无形，但我们要做出有形的管理来，使无形的善心让大家看得见，唯有如此，才能使企业经营哲学落地、生根、发芽、结果（如表9-1所示）。所以，我们研发了一款"日行一善"工具，并利用移动互联网成果，开发一套软件系统——哲学积分制软件。员工可以随时手机登录，申报今天做的"日行一善"事件，经过审批后，就可以获得相应积分，并形成积分排名。这个积分排名会与员工的短期奖金和长期荣誉挂钩。

表9-1 "日行一善"积分规划示范

序	规则	分类	分值
1	日行一善	对工作、对家庭、对社会	5分
2	互帮互助	传帮带、跨部门协助	
3	节能增效	节能降耗、提升效益	
4	现场管理	整理整顿、清扫清洁	
5	提升满意度	分内事、分外事、关联事	
备注：行善、改善均可提报；日行一善、积善成德。			

210

有了落地工具，每一个人日行一善的涓涓细流，汇聚成企业经营哲学的大江大河。这是全员创利模式的独特创新。

常州卓杰塑业专业生产各类 PG 包装薄膜，专注于为客户提供薄膜包装解决方案。2017 年 9 月，导入全员创利经营模式的同时，公司确立了以追求全体员工物质与精神两方面的幸福，不断攀登行业制高点，为客户创造价值，为社会做出贡献的企业经营理念。并通过多场专题哲学学习，梳理出了卓杰哲学手册，上线哲学积分制软件。

每月初，卓杰都开展哲学践行先进团队个人表彰活动。仅 2018 年 1 月至 11 月，卓杰的哲学人均积分就高达 6719.6 分，总积分高达 524125 分。全员养成了良好的行为习惯，形成了一股磅礴的正能量。有这么几个动人的案例，打破了部门墙，减少了推诿，增强了相互之间的通力合作。

有一次，客户的货车在楼下等待出货，突然遭遇工厂停电，成品库在 4 楼，货梯无法使用。公司的哲学推进负责人连忙在群里发信息：有空闲能来帮忙搬货的，每个人加 20 分哲学积分。于是一下就来了一大群人帮忙搬货，只用了两个小时就把几车客户的货装满并发了出去，保证了准时交货。

还有一次，工厂装修了一个新的办公室，保洁阿姨忙不过来，公司领导就在群里发信息问谁有空过来打扫一下卫生，一下就来了 4 位同事帮忙打扫卫生，很快就把办公室打扫得干干净净。

大雪节气，天气异常寒冷，卓杰的机修班在抓紧清理 6 车模具，因为模具一旦冻住了就要花费更多倍的力气才能清理干净。生产贸易厂办等部门的同事积极参与进来，抢在模具冻住之前协助机修班清理模具，充分发挥了员工的主人翁精神。

俗话说众人划桨开大船，这就是哲学积分带给卓杰的改变。

通过空巴文化的扩散效应，使全体员工真正成为一家人

在稻盛和夫先生看来，空巴既可以与员工构建良好的沟通，也可以就工作及人生的思想观点交换意见。在空巴中培养利他精神、培养共同的思维方式打开心扉、总结工作、发表见解、讲述梦想等，提升团队意识，团结一致，以达成目的、目标。

空巴活动十项规则

（1）全体共同参与交流活动（公司或部门）。

（2）现场要保持乐观开朗，并具备家庭般团结的氛围，互帮互助。

（3）明确目的，必须设立主持人，推动进程（主持人要灵活机动，现场把氛围调动起来）。

（4）必须对事物的决策或问题的解决，提出具有建设性的方案。

（5）敞开胸怀，推心置腹，必须以"作为人，何谓正确"为核心。

（6）全体或代表要发言（根据人数多少而定），发言必须坦率乐观积极。

（7）虚心接受、认真聆听。

（8）必须要表明决心（有言实行）。

（9）必须让大家接受，形成合力。

（10）根据当天的目的、主题、交流状况，表达的决心等整理成报告，并向上级提交实施报告书，获得批准。

空巴八项准备工作

（1）确定多少人员参加，横向（部门）或纵向（管理层）。

（2）确定场地：根据人员确定场地，可以是外部也可以是公司会议室。

要求如下：

①场地必须是聚气，所有人是在一起，禁忌空旷掺杂其他不认识的人；

②有投影、音响设备；

③能围坐尽量围坐，能挤尽量不分开；

备注：公司会议室以茶话会方式，外部以酒话会方式。

（3）确定时间：时间建议提前确定，控制在1.5~2.5小时内结束。最好安排在大家都不忙的某个晚上。

（4）确定主题：根据当前所需确立主题，但必须提前确定、发布主题，以便趋内向的伙伴提前思考、准备，禁止临时发挥（提前写分享稿）；

（5）确定主持人：负责时间节点控制，流程的把控，什么时间该干什么（必须严格控制时间）；

（6）确定费用：A会费制、B报销制、C平均制、D活动资金；

（7）确定物品：食品、啤酒（可在召开空巴的当天或是提前一天准备好即可）。

（8）发布通知：统一发布通知（主题、时间、流程、地点、人员等），参会人员提前做好工作安排，不得缺席。

空巴酒会流程安排

（1）开场自由欢谈、相互干杯等，约20分钟。

（2）主持人集体敬酒、发布主题，5分钟。

（3）讨论主题，各自与周围伙伴交换意见，约30分钟。

（4）逐个发表、总结、改善措施，约45分钟。

（5）负责人总结，约15分钟。

（6）结束致辞或小结（根据工作安排可以适当增加娱乐活动）。

高质量的空巴必须具备以下特点：有主题、有主持、有记录、有总结、有结果。在召开空巴时要乐观向上，互帮互助，绝不能抱怨、发牢骚。可以就某些问题提出改良的建议，但是不能发表消极的意见。

通过哲学上墙活动，不断提升全体员工的心性，积极拓展企业的生产经营范围

在企业内部的墙上设置 LED 显示屏，早、中、晚定时滚动播放"六项精进""日行一善"排行榜等内容，使全体员工永远以一颗光明豁达之心，以谦虚谨慎的态度对待工作和生活。热爱工作，热爱公司，热爱自己的国家。

不断给全体员工灌输这样的思想：要想获得事业的成功，除了付出数倍于他人的"努力"之外，别无他法。唯有不辞辛苦，不断努力，孜孜不倦，才能到达理想的彼岸。只有做好自己的工作，心无旁骛，全身心沉浸于工作中，这样才能抓住幸福的时光。

与此同时还要不断勉励全体员工是集体的一分子。不管个人具备多么卓越的才能，不管这种才能孕育了多么巨大的成果，所有这一切不为我一人所有，是集体的智慧结晶。唯有如此，做出贡献的员工才会最受欢迎的人。任何一个公司，受欢迎的人越多，团队凝聚力就越高，员工幸福感就越高。

通过企业大讲堂和员工大讲堂的进一步推广，使企业和全体员工不断取得进步，日日皆有所得，天天都有收获

为创建新型学习组织，创新员工培训方式，进而促进培训效果的有效转化，协助企业实现年度经营目标，并为企业培养一批又一批优秀的实用型人才。企业大讲堂采用视频及现场教学相结合的方式，把员工个人的文化知识和专

业经验整合进共享学习平台,有效地提升了公司全体员工的职业化和专业化水平。

企业大讲堂常态化运营模式的建立,对于企业经营发展将产生极为深远的影响。企业大讲堂运作要点如下:

其一,完善企业大讲堂运作机制。根据运行状况不断优化和调整"企业大讲堂"运作机制,使其匹配公司人才发展战略。

其二,丰富内部培训课程素材及内容。根据公司实际需要不断收集新素材,开发新课程,以满足新形势下的培训需要。

其三,内部讲师队伍的管理及完善。完善内部培训队伍的培育,对内训师实施有效考核。

其四,市场化运作的论证及推行。根据企业大讲堂运行情况进行评估,论证市场化可行性及推行工作。

在企业大讲堂的基础上,为了适应公司快速发展的需要,提高团队凝聚力和个人素养,积累公司的文化底蕴和沉淀,扩大公司品牌影响力,丰富公司企业文化活动,提升综合能力,特每月举办一次员工大讲堂分享比赛。

与企业大讲堂的专业讲师相比,在员工大讲堂,强调的是人人都是讲师。只要有一技之长,有一个工作方面的经验可以分享,所有人都可以走上这个讲台,以此促进全体员工业务水平和工作能力的不断提升。

我们前面提到过的案例公司蓝天通信,其员工大讲堂也非常有特色,他们是固定每月举办一次。他们发现,第一次办员工大讲堂时,大家都比较羞涩,演讲过程中磕磕碰碰;第二次,上台演讲的员工,演讲技巧明显有了改善,心态逐渐放开了,到了第三次,演讲不但在表达顺畅了,而且开始风趣幽默起来,到了第四次,全员都开始享受分享的过程……这就是员工大讲堂上,所有参与者的变化可喜的变化的背后,是员工的努力直接被看到、被认可产生了内驱力的化学反应。

员工大讲堂操作要点

（1）拟定演讲主题：要求积极向上、正能量（以哲学方面为主）。

（2）演讲人数：每个团队抽取代表 1~2 名参与竞赛（待定每次大讲堂 12 人左右）。

（3）演讲时间：每位代表演讲时间为 6~12 分钟左右，整个演讲竞赛 2 小时左右结束。

（4）举办时间：建议每个月一次。

（5）举办地点：培训室。

（6）参与人员：企业全体人员皆可参与。

（7）活动主持人：可以轮流主持，也可主动报名主持，主持人负责开场、承上启下、公布结果。

（8）评分评委：董事长、总经理、部门经理、主管等，另需助理协助统计分数，演讲完分数要当即统计出来，结束统一公布。

（9）分享模式：可根据目前团队急需或哲学等话题展开；可以是演讲，也可以是演讲＋视频的分享模式。

演讲质量控制的三大流程依次为：首先是每个部门或团队推荐 1~2 个人，安排他们写分享稿，分享稿必须在举办大讲堂的前 5 天完成并上交至部门负责人或辅导教练处；其次是辅导教练或是部门经理审阅，给出指导意见，并协助修改；最后是分享者根据上级指导的建议进行修改，并再次交由上级协助审核。

分享稿的六大流程依次为：问好、自我介绍（部门、姓名）、引出您要分享演讲的主题、分享内容、表决心（接下来你要怎么做）、结束并致感。

（10）奖励方案：证书＋物质奖励第一、二、三名、鼓励奖（建议以物品为主）；物质奖励可归个人，证书属团队荣誉。

员工大讲堂流程安排

（1）主持开场热身。

（2）主持人点名分享者依次上台分享（提前排好上台分享名单计划表，控制时间8~12分钟）。

（3）主持人可以做适当点评，引出下一位分享者。

（4）个人演讲结束后，统计员马上统计分数。

（5）主持人宣讲计分结果，邀请评委上台颁奖合影留念（提前准备证书、礼品）。

（6）获奖者发表获奖感言。

（7）最后请领导做寄语训勉、结束。

经营哲学的核心思想是四个字——敬天爱人。敬天就是指遵循自然界的发展规律。爱人就是指从人性的角度出发，倡导自利利他。自利者短期来看可以生存，但不能长久。如果一味强调利他，驱动机制会很快失灵。所以自利利他，即有利于自己的同时也有利于他人，有利于他人的同时也有利于自己，这也正是哲学共有的精髓所在。

本章思考

1. 哲学共有的三大目的指的是什么?

2. 哲学共有的三个层次的真正含义是什么?

3. 哲学共有在企业内部落地六大步骤分别是什么?

CHAPTER 10

第十章

落地案例

多年来，我们辅导了很多企业通过全员创利模式转型升级，或转型成功，或重获新生，或在今天成了当地具有影响力的大型企业。理论离不开实战，落地才有成果，才有收获。

　　本章选取成功导入阿米巴模式的两个典型企业的案例，来检验全员创利的成果，并揭示它们成功背后的秘诀。

第十章
落地案例

福志达：后疫情时代突出重围，青春再燃

通过全员创利模式的这一系列落地，让福志达这个国企改制的企业在后疫情时代成功突破重围，重新焕发出青春与活力。

福志达塑业成立于1956年，发展至今已是一家具有六十多年历史的塑料制造业企业。每年向市场实际提供的周转容器三百多万件套，营业额平均一年一亿元左右。

福志达的前身是国有企业，经过改制后变成民营企业。然而，它的转型之路并没有想象中那么顺利，由于管理升级迟钝，再加上受新冠疫情的影响，经营状况可以说更是雪上加霜。从老板到管理团队，都感觉压力重重，一筹莫展。

导入全员创利模式这前，福志达老板陶总提出这样的困惑："我们企业的特点是国企转型，公司的很多员工都是以前留下来的，公司员工存在着年龄大又是老员工，还有很多当地人的这种问题，所以他们的员工平均年龄在50岁左右，整个公司的工作氛围，看上去既没有激情，也没有活力，是一潭死水的状态。我们这样的企业能够导入全员创利模式吗？"

通过培训学习，培养出一批理解全员创利模式的执行层管理人员

2020年初，一个偶然机会接触到全员创利模式后，福志达总经理觉得这个模式戳到了自己企业的痛点，于是报名参加了为期三天的研讨会进行学习。在学习的过程中，总经理越发觉得全员创利模式比较适合自己公司，能够解决当下公司所遇到的问题。于是总经理找到我咨询："我们企业的特点是国企转型，公司的很多员工都是以前留下来的老员工，平均年龄在50岁左右，还有很多是当地人，整个公司的企业氛围低迷，处于没有激情，没有活力，一潭死水的状态！像我们这样的企业能够导入全员创利模式吗？"

我们帮助过一百多家企业导入全员创利模式，其中也有部分标杆企业员工年龄非常大，但是，全员创利的哲学具有经典性，即使年龄很大的员工也非常容易引进他们的共鸣，所以我们有信心能够成功落地。于是我给出了肯定性的回答。

鉴于疫情期间员工都处于半停工状态，人心不稳的特殊情况，我们建议这个时候更需要组织员工学习，不能让人闲下来。

福志达总经理觉得有道理，于是组织员工进行了线上学习。疫情缓解之后，又率领公司高管团队参加了全员创利模式线下落地特训营。

落地运转全员创利模式

通过培训和学习，福志达人统一了思想，整个团队的心态也在往向好的方向稳步发展。这为之后全员创利模式在该企业全面落地导入打下了坚实的基础。

通过前期的调研，我们发现，福志达企业内部的确存在不少问题：大部

分员工没有主人翁精神；很多员工都是得过且过，拿固定工资；薪酬绩效也存在着很多的问题。更重要的是，员工的成本意识非常淡薄，浪费比较严重。比如注塑机，原材料的损耗等方面都是非常严重的，员工也不关心这些材料损耗问题。有的员工做事不认真，团队也缺乏斗志和团队精神。这些状况的根本原因是"吃大锅"饭的问题，干多干少一个样，干好干坏也没有奖罚措施。要改变现状，首先要做的就是薪酬制度改革。

（1）薪酬改革。通过中层以上干部的前期培训学习后，在气氛良好的沟通会议上，福志达的中高层管理者现场表决，"我们愿意跟公司做绩效改革，做绩效对赌"，同时率先垂范，从管理层开始把薪酬制度进行改革，降低了以前的固定工资，增加了绩效考核和利润分红的绩效制度。

（2）组织划分。接着，福志达启动组织划分。在划分之前，公司的组织结构单一，责权集中在老板处，导致出现什么问题都要找老板，各部门之间流程、管理混乱。划分之后，增设了经营管理部，统筹生产、财务、行政等部门，同时老板责权下放到经营管理部、销售部、生产部、设计部等部门。重新划分之后的组织结构，责权分明、井然有序、按部就班，并为分部门独立核算的落地打下了基础。

（3）独立核算。在独立核算落地之前，福志达主要有三大销售部门，即代理渠道、OEM（原始设备制造商）和直营电商。在这样的传统销售模式下，销售额增长虽然都很快，但利润却很低，员工不关心公司经营状况，公司利润大不如前。当被问到他们为什么不赚钱，员工甚至负责人和许多公司高管都说不知道。

落地独立核算之后，福志达制定了自己公司的核算报表（如表10-1所示），每天进行记账，每天统计自己阿米巴的收入、支出和利润，进一步让员工的经营意识得到提高。真正做到了心中有数、手中有方。

表 10-1 福志达落地独立核算的核算表

市场部经营报表

		总计	1	2	3	4	5	6	7	8	9	10
总收入 A/元	总收入/元	20155525.08	818009.83	8579972.21	937359.82	1028948.19	302660.01	1219801.41	802413.77	871203.77	1032347.84	808915.13
		30.00%	30.00%	30.00%	30.00%	30.00%	30.00%	30.00%	30.00%	30.00%	30.00%	30.00%
	市场部收入/元	6046657.52	245402.95	257391.66	281207.95	308684.46	90798.00	365940.42	240724.13	261361.13	309704.35	242674.54
总费用 F/元		3192736.02	55499.35	81091.35	492477.69	213693.06	748.33	95810.29	95799.49	135895.62	51812.88	111132.80
	喷涂费用 F1/元	1073297.40	19584.10	45333.58	95959.87	65100.19	0.00	52383.21	23984.23	51961.35	51064.55	14868.83
	外购件费用/元	2096988.62	35166.92	35009.44	395769.49	147844.54	0.00	42678.75	71066.93	83185.94	0.00	95515.64
	招待费/元	0.00	0.00	0.00	0.00	0.00	0.00	0.00	0.00	0.00	0.00	0.00
	质量扣款/元	0.00	0.00	0.00	0.00	0.00	0.00	0.00	0.00	0.00	0.00	0.00
	分摊费用 F2/元	22450.00	748.33	748.33	748.33	748.33	748.33	748.33	748.33	748.33	748.33	748.33
附加值 E=A−F/元		2853921.50	189903.60	176300.31	−211269.75	94991.39	90049.67	270130.13	144924.64	125465.51	257891.47	131541.74
总工时/小时		1514.00	7.27	63.27	63.27	63.27	7.27	63.27	63.27	63.27	63.27	63.27
	部门工时 H1/小时	1296.00	0.00	56.00	56.00	56.00	0.00	56.00	56.00	56.00	56.00	56.00
	分摊工时 H2/小时	218.00	7.27	7.27	7.27	7.27	7.27	7.27	7.27	7.27	7.27	7.27
每小时附加值 G=(A−F)/H/元		118116.69	26133.52	2786.62	−3339.35	1501.44	12392.16	4269.71	2290.70	1983.12	4076.26	2079.16

续表

市场部经营报表

	11	12	13	14	15	16	17	18	19	20	21
总收入 A/元	928959.97	0.00	644298.81	812061.62	1021463.24	994176.56	1063181.34	759103.37	534027.99	126362.21	0.00
	30.00%	30.00%	30.00%	30.00%	30.00%	30.00%	30.00%	30.00%	30.00%	30.00%	30.00%
市场部收入/元	278687.99	0.00	193289.64	243618.49	306438.97	298252.97	318954.40	227731.01	160208.40	37908.66	0.00
总费用 F/元	120372.00	748.33	170317.77	40402.72	173828.79	44809.92	146047.97	157658.19	5589.25	13865.79	748.33
喷涂费用 F1/元	63208.19	0.00	65669.71	12568.97	57034.31	32658.95	20564.31	14874.29	4840.92	13117.46	0.00
外购件费用/元	56415.48	0.00	103899.73	27085.42	116046.15	11402.64	124735.62	142035.57	0.00	0.00	0.00
招待费/元	0.00	0.00	0.00	0.00	0.00	0.00	0.00	0.00	0.00	0.00	0.00
质量扣款/元	0.00	0.00	0.00	0.00	0.00	0.00	0.00	0.00	0.00	0.00	0.00
分摊费用 F2/元	748.33	748.33	748.33	748.33	748.33	748.33	748.33	748.33	748.33	748.33	748.33
附加值 E=A−F/元	158315.99	−748.33	22971.87	203215.76	132610.18	253443.04	172906.43	70072.82	154619.14	24042.87	−748.33
总工时/小时	63.27	15.27	63.27	63.27	63.27	63.27	63.27	63.27	7.27	7.27	7.27
部门工时 H1/小时	56.00	8.00	56.00	56.00	56.00	56.00	56.00	56.00	0.00	0.00	0.00
分摊工时 H2/小时	7.27	7.27	7.27	7.27	7.27	7.27	7.27	7.27	7.27	7.27	7.27
每小时附加值 G=(A−F)/H/元	2502.36	−49.02	363.10	3212.05	2096.05	4005.95	2732.98	1107.58	21277.86	3308.65	−102.98

225

续表

市场部经营报表

		22	23	24	25	26	27	28	29	30	31	合计
总收入 A/元	总收入 A/元	769072.29	379878.83	548169.37	33246.63	475158.51	897039.42	406263.11	715675.65	367754.18		20155525.08
		30.00%	30.00%	30.00%	30.00%	30.00%	30.00%	30.00%	30.00%	30.00%		30.00%
	市场部收入/元	230721.69	113963.65	164450.81	9973.99	142547.55	269111.83	121878.93	214702.70	110326.25		6046657.52
总费用 F/元	喷涂费用 F1/元	56214.98	114953.63	93439.76	17623.32	748.33	107152.04	90810.75	110154.58	393288.61		3192736.02
		8396.50	12776.55	720.01	16874.99	0.00	106403.71	90062.42	109406.25	23880.24		1073297.40
	外购件费用/元	47070.15	101428.75	91971.42	0.00	0.00	0.00	0.00	0.00	368660.04		2096988.62
	招待费/元	0.00	0.00	0.00	0.00	0.00	0.00	0.00	0.00	0.00		0.00
	质量扣款/元	0.00	0.00	0.00	0.00	0.00	0.00	0.00	0.00	0.00		0.00
	分摊费用 F2/元	748.33	748.33	748.33	748.33	748.33	748.33	748.33	748.33	748.33		22450.00
附加值 E=A-F/元		174506.70	-989.98	71011.05	-7649.33	141799.22	161959.78	31068.18	104548.11	-282962.36		2853921.50
总工时/小时		63.27	63.27	63.27	63.27	7.27	63.27	63.27	63.27	63.27		1514.00
	部门工时 H1/小时	56.00	56.00	56.00	56.00	56.00	56.00	56.00	56.00	56.00		1296.00
	分摊工时 H2/小时	7.27	7.27	7.27	7.27	7.27	7.27	7.27	7.27	7.27		218.00
每小时附加值 G=(A-F)/H/元		2758.27	-15.65	1122.41	-120.91	19513.65	2559.95	491.07	1652.50	-4472.53		118116.69

（4）推行"经营业绩分析会"制度。这是全员创利模式必不可以少的重要环节。福志达公司制定措施，确保每月5日左右，各小组织根据经营管理部制定的统一报表格式，逐一登台演讲本部门上月的经营成果，从销售额、净收入、经营利润、库存、项目课题等多个维度分析检讨问题并提出对策。每逢1、4、7、10四个月份，在分析上月经营成果的同时，还要进行上个季度的经营成果演讲、分析和研讨。对于经营业绩及践行经营哲学成果显著的团队和个人，在季度、半年及年度经营发表会上都给予隆重表彰。

全员贯彻销售最大化和费用最小化，使整个公司的利润和业绩都有明显的增长，特别是在2020年疫情较为严重的时候，福志达的业绩还再创了一个新高——其中有一个月做到了该企业历史空前1000万元以上的好业绩。

哲学共有，哲学护航，确保转型不走样

全员启动哲学积分，引导员工进行日行一善、节能降耗、互帮互助，从而获得相应的积分（如图10-3所示）。

从2020年6月到2021年6月，一年时间里，福志达的哲学积分超过了30000分。而在日行一善和互帮互助的案例中，有两个这样的福志达员工的故事。

员工小刘负责看管入库产品，这天中午她到三楼去检验电商斜插箱，看到只有两位师傅在装配斜插箱，但第二天还要交付1500个，于是她便留下来帮忙敲堵头，再检验。她说："我们都是公司一员，为了能按时完成交货期，不管是什么事情，只要是力所能及的都愿意伸手帮忙！"

另一个员工叫小吕，有天晚上2500T油管漏油，因这款产品比较急，不能停，于是小吕和付班长一起拿来工具把油管换掉，好让车台早点恢复生产。他说，夜班没有维修人员，产品又比较急，自己和伙伴动手抢修既节省时间又能恢复生产，何乐而不为呢？

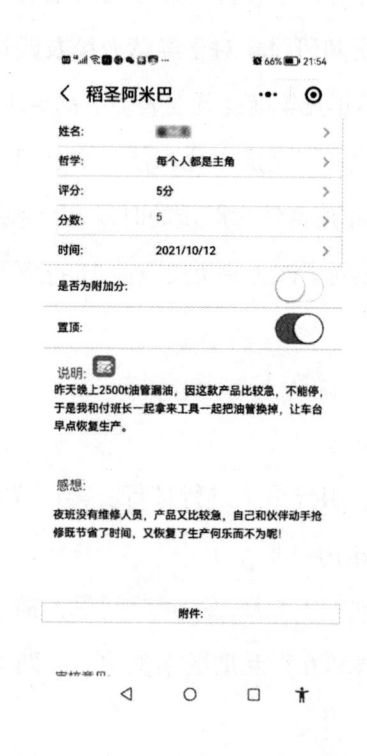

图10-3 福志达员工通过哲学落地案例截图

福志达公司的员工通过哲学落地，这样的案例比比皆是，员工都有了主人翁精神，责任意识和经营意识增强了，改变非常大。

与此同时，落地哲学积分奖励，表彰前三名的团队和前三名的个人，并且有荣誉证书和物质奖金的发放，每个季度还会对更多的优秀员工进行评比，通过积分的方式，把整个企业员工的经营意识、利润意识、互帮互助的精神充分调动起来，然后员工的成本意识也进一步增加。

福志达对经营哲学以及哲学积分的践行，使其充分发挥出企业的巨大潜力。有哲学为其护航，促使其全面落地全员创利更为稳妥和迅捷，使福志达能够短时间从一个传统企业变革为新时代的转型企业。

从薪酬改革到独立核算，从组织架构到经营哲学，通过全员创利模式的这一系列落地，让福志达这个国企改制的企业在后疫情时代成功突破重围，重新焕发出青春与活力。

欣旺：逆境中崛起的奥秘

无锡欣旺集团推行全员创利模式的成功，概括起来有四个核心要点：哲学共有（全员参与）、目标共有（完成目标）、数字共有（过程改善）、损益共有（共享共建）。

无锡欣旺集团创立于1988年，经过三十余年的不断发展壮大，已从一家普普通通的早餐店发展成为拥有五家大型酒店、三家时尚餐厅、一家食品厂、一个度假型酒店，成为集餐饮、会务、住宿、娱乐、食品厂为一体的无锡著名的大型综合性餐饮集团。该集团下属的欣旺大酒店、荷塘叶色大酒店、欣荷大酒店、迎宾楼菜馆、欣荷食品厂、鸿欣湖度假村等餐饮企业秉承差异化和多元化发展原则，近年来，逐渐形成了和而不同、各具特色的餐饮文化精神，在无锡餐饮界颇负盛名，成为无锡餐饮行业的标杆性企业。

集团董事长唐国忠曾说："我一直觉得有的人做企业就像在养猪，养大了就卖掉。但我不是，我做企业就像养儿子，养了儿子，还想着抱孙子。我觉得只有这样的企业才能真正成为百年企业，我们要么不做，要做就做百年企业。"在他看来，推行全员创利模式的必要条件可以概括为四个要点（如图10-4所示），分别是哲学共有（全员参与）、目标共有（完成目标）、数字共有（过程改善）、损益共有（共享共建）。

第十章
落地案例

```
实施阿米巴的    哲学共有 → 全员参与
必要条件
              目标共有 → 完成目标
              数字共有 → 过程改善
              损益共有 → 共建共享
```

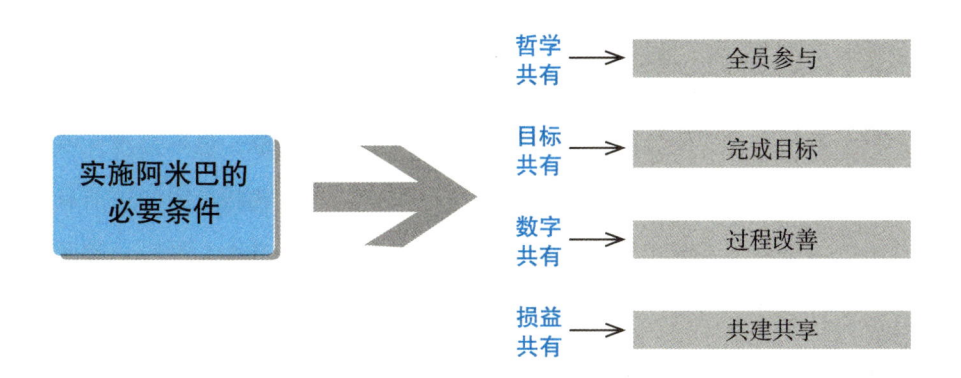

图 10-4　无锡欣旺集团全员创利模式的四个要点

哲学共有

所谓哲学共有，指的是价值观一致。欣旺集团通过哲学共有，不断建立和完善自己独有的欣旺文化，通过建立欣旺教育学院和欣旺企业大学等种种措施，借助全员参与的形式，夯实企业发展的基础。以"作为人，何为正确"激发全体员工追求动机至善、私心了无的意识。鼓励员工共同建立一个诚信为先，有理想、有要求、有信仰、有责任的企业，帮助每一位员工树立一个正确的价值观。在追求全体员工精神和物质两方面幸福的同时，努力为整个社会和全人类的进步做出自己微薄的贡献，这就是欣旺集团存在的意义，也是每一个欣旺人的最大追求。

集团董事长唐国忠曾说过："我们经营企业的目的是什么？自然是为了持续的盈利，是为了永远的盈利，是为了一百年之后还能像现在一样盈利。所以企业一定要有自己的文化，而且一定要做好，只有有文化的企业才会走得更远。那么，文化来自哪里？文化就来自我们每个班组，每个人，来自他们的一言一行，这才是真正的文化。挂在墙上的，不是文化。文化就是我们每个人每时每刻都在实践的东西。"

欣旺集团的经营管理哲学就藏在日常工作和生活中。这才是真正的文化。属于劳动者的文化，不是挂在墙上的了无生气的条条框框，也不是虚无缥缈的空中楼阁。作为极具特色的经营哲学落地举措之一，欣旺集团的班前班后会八步读书分享，在其中无疑发挥了举足轻重的作用。其中，鼓励、赞美，无疑成了贯穿读书分享会的主旋律和精神主旨，而充分发挥每个人的才华则成了读书分享会的出发点和最终落脚点。自2009年"欣旺教育学院"建立为肇端，以《弟子规》《了凡四训》等体现中华传统文化的图书为基础，开始致力于企业文化的构筑。2015年初步接触阿米巴，至2017年正式全面导入全员创利模式，将《活法》《干法》《六项精进》《海尔转型》等图书纳入全员学习范畴。

除了读书活动，欣旺集团还建立了"全员讲师团"机制，不断推进稻盛哲学理论学习的全员化、日常化，使其日益深入人心。目前，欣旺集团共拥有50位讲师，他们分别来自不同的城市，从事不同的岗位工作，既有保安，也有保洁阿姨，但作为讲师讲他们将自己最擅长、最纯熟的技艺以及自己的心路历程都一一展现在全体员工面前，这个环节就是全员展示。在整个集团进行巡回展示，把他们的心得体会分享给大家。这些宣讲最终形成了"欣旺哲学23条"。

欣旺哲学23条

（1）成功方程式：人生·工作的结果＝思维方式×热情×能力。

（2）以"作为人，何为正确？"进行判断——动机至善、私心了无。

（3）拥有美好的心灵：保持谦虚、坦诚之心，保持开朗的、积极向上的态度。

（4）小善似大恶、大善似无情。

（5）在赛台的正中交锋（在计划开始就努力）。

（6）要把事物简单化。

（7）日行一善。

（8）自我燃烧到燃烧他人型。

（9）追求完美：认真地、拼命地投入工作，踏实努力、精益求精。工作时要"有意注意"。

（10）能力一定会进步，比昨天更进一步。

（11）每人都是欣旺。

（12）直言相谏。

（13）勇于在旋涡的中心工作。

（14）深怀感谢之心：同事＋客户。

（15）从顾客的视角观察。

（16）以心为本的经营：销售最大化、费用最小化，以节俭为本。

（17）提高经营核算能力。

（18）最佳接力赛。

（19）贯彻现场主义实力主义＝形成合力。

（20）怀有强烈而持久的愿望、不成功不罢休。

（21）我是欣旺一块砖，哪里需要哪里搬，哪里需要哪里垫。

（22）乐观构思、悲观计划、乐观实行。决策果断、行动迅速思考到"看见结果"为止。

（23）今天胜于昨天，明天胜过今天，勇于挑战、树立高目标。

在此基础上，欣旺集团逐步落实完善以"日行一善"作为全体员工的行为准则，不断提升员工的思想境界。通过日行一善，践行"作为人，何为正确"的精髓，不断推进欣旺哲学的数据化、可视化。

欣旺人在践行"日积一善"方面产生过许多感人的案例，以下略举两例。

邻里关系要搞好

打荷工小杨一天晚上下班照常回到宿舍，待收拾好自己的事，打开大门准备通通风时，发现外面下起了大雨；而对面邻居家的门外有辆电瓶车，车篓子里还放有衣物。于是小杨主动敲门，提醒邻居赶快把车推到屋里去。小杨觉得，邻里关系要搞好，帮助他人就是帮助自己。

帮助别人就是快乐自己

销售部的小章在下班路上发现了一只走丢的小狗。小章知道爱宠丢失后主人的心情，于是主动发朋友圈询问、联系，寻找小狗的主人。功夫不负有心人，到了晚上，终于有人联系小章说，小狗是他的，他正在满城寻找它。当通过小狗身上的一些细节确定小狗确实是对方的时，小章又不辞辛苦地将小狗送过去。在小章看来，帮助别人就是快乐自己。

目标共有

欣旺集团全员创利模式的第二个要点：目标共有。

欣旺集团明确提出，企业的发展宗旨为创造幸福，传递幸福，让美好发

第十章
落地案例

生。欣旺集团一直以来努力让全体员工获得足够的安全感，不仅仅是给予金钱，更多的是让他们心里有爱，有信心，这样才能人人为我，我为人人，所有人凝聚在一起，形成合力。

目标共有是最终目的，共商共建则是实现目标共有的桥梁和纽带。

新冠疫情暴发以来，面对日益严峻的现状，各行各业都在纷纷寻求变革，寻找转型之路，欣旺集团自然也不能例外。经营企业就像爬山一样，当你爬上一座高峰的时候，你会看到不远处还有一座更高的山峰，你连停下来喘口气的时间都没有，只能再继续攀登下一座高峰，永不停歇，一直在路上。所有的商业活动，都是围绕为客户创造价值而存在的。而一家企业面临的最大难题始终是如何为全体员工持续稳定提供幸福生活的保障。毫无疑问，这是一个长期的过程，没有多少时间让我们停下来思考未来。后疫情时代餐饮行业竞争将更激烈、更残酷。唯有不停地向下一座高峰攀登，才有生存下去的希望。

针对严峻的防疫形势，欣旺集团适时推出了金牌厨师上门服务，顾客不必出门同样可以享受酒店式星级厨师服务和鲜美的菜肴。以往聚餐、家宴、生日派对等聚会，去哪里吃是人们最关注的话题。在推出了金牌厨师上门服务之后，在家也能享受到星级饭店的优质服务，此举获得了顾客的一致好评，业务量迅速增长。并且在线上平台积极推动直播带货业务，不断拓展线上营销渠道，不断推出特色便民菜品，满足不同客户的需求，获得了顾客的交口称赞。

我们知道，大部分餐饮行业从业者学历比较低。特别是一些厨师，虽然从业多年，但文化水平普遍偏低，严重影响了其职称评定，欣旺集团通过欣旺教育学院和欣旺企业大学的设立，积极帮助员工提高自身的文化水平和学历。这具有十分积极的意义，不仅将欣旺人追求知识和渴望进步的梦想向前推进了一大步，也真正提高了员工个人职场竞争力，为他们实现人生价值起到了助推力的作用。而且，这与欣旺集团"创造幸福，传递幸福，让美好发生"的企业发展大目标非常吻合。对此，董事长唐国忠有很深的体会，他曾说："当我们把企业当成学校，把员工当成学生。把公司每一个员工都当成学生，把每一个学生都培养成才的时候，就到了收获的时候，也许就是幸福降临的时候。"

所以，我们看到，当欣旺集团推出"千城万店"全员创业计划时，在充分调动年轻人的积极性和创造性的同时，也提高了年轻人的经营管理水平。比如年度指标的制定，由下而上，人人参与，人人有关。这里有两个重要的原则，第一年度指标有多少人知道；第二年度指标有多少人参与。假如说100%的人知道100%的参与，结果自然是100%完成。从而推动企业向前发展，最终实现利益共享。

数字共有

第三个要点就叫数字共有。数字共有就是复制内部老板，批量培养经营型人才。唯有如此，才能找到企业百年长青的密码。

欣旺集团有一堂课叫"成功方程式"，形象生动地展示了全员参与经营、培养具有经营者意识的人才。用欣旺人的话说，这堂课就是看懂数字改变人生。因为在企业经营管理中，只有看懂了数字的变化，你才能找到解决问题的办法，而且这是最真实的、最直接的、最有效的办法。

通过不断增加企业的营业收入，降低各项费用支出，最终实现利润的增长，这是几乎所有企业实现收入增长的主要路径。而欣旺集团通过全员创利模式的实践，逐渐摸索出了适合自身发展特色的"三化原则"，即数字化、最小化、流程化。

数字化就是所有考核只有数字，只讲数据，只讲报表，不讲空话。

最小化就是任何东西都可以在报表中呈现出来，可以细化到一袋盐、一包方便面。

流程化就是在数字化和最小化，均做到了极致的情况下，就要使工作流程化。

在欣旺集团，每一次的月度业绩分析会，通过汇报上月业绩明细，进一步展开对比（与上月对比、与去年同期对比），通过数据的变化和对比，找到差距和问题，更重要的是找到新的利润增长点，这也是召开月度分析会最重要的目的和落脚点。最终以月度分析报表为基础，形成下月经营方案。这就形成了一套完整的月度业绩分析会五部曲流程（如图10-5所示）。

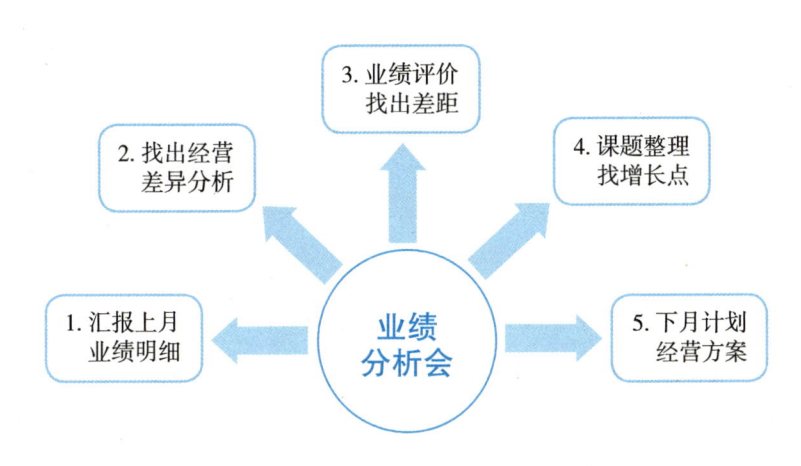

图10-5 每月业绩分析会五部曲

在月度业绩分析会基础上，欣旺集团每周进行市场摸价和对比，以及新产品的发现，并根据对比分析背后的原因。比如外卖同比上月下降10218.33元，原因是什么？厨房临时工的占比多出了 3.7%，原因又是什么？应收款是通过什么合理的方法进行控制的？库存同比增加 41248.89 元是什么原因？营业外收入少了 92389 元是因为婚庆、大屏，还是合作入场等。

通过数字共有、数据共有，利润高、受客户欢迎的产品销量猛增，新产品、新项目层出不穷；合理化建议天天有；应收账降低，坏账杜绝；能耗比大大下降；浪费现象杜绝；主人翁精神饱满。

经营利润方面，材料库存下降，能耗比下降，非营业损耗降低；办公室面积缩减 4/9，水电费、办公用品也大幅度下降。

此外，通过内部"接力赛"项目设计和运作，欣旺集团成功做到了每人都和营收费用有关联，每人都是增加营收的环节。

内部"接力赛"项目的思维模式如下：

（1）这次合作是否可以为对方节省费用或创造价值？

（2）这次合作是否可以为对方带来流量或为对方树立品牌？

（3）这次合作是否可以形成战略合作，使双方互惠互利，你中有我，我中有你。

损益共有

第四个要点就是损益共有，构筑命运共同体。怎么做呢？

首先，量化分权。制定出量化分权的组织划分机制，施行权力下放、自主经营、责权对等。组织划分后，各小组织的负责人有以下十大权限：

（1）采购权。先摸价公示，再少量比较质量，再公示，公示内容包含采购店名、老板姓名和手机、是否含税、数量、等级、价格比原来的有何优势、小批量使用的结果好坏评估……全部必须公示。最后根据实际情况自主决定采购。

（2）用工权。根据实际营业情况决定用工人数，调整休假情况，包括临时工的人数。

（3）工资权。临时工和正式人员的工资调整，到总经理处备案。每个小组织每个月分别做工资表。

（4）晋升权。对本部门人员的升降和调整，到总经理处备案。

（5）定价权。售价调整以及新品定价，厨房与餐厅协商即可。

（6）销售方式权。前厅可以自己设计和改变销售方式、宣传广告方式、奖励提成，到总经理处备案。

（7）超额收益分配。超额部分的分配，到总经理处备案。

（8）哲学考核决定权。根据每个部门实际情况本月考核"欣旺哲学"的哪条，能做到公平、公正、公开即可。

（9）新项目方案权。鼓励创新，鼓励SBU项目。

（10）报销权。所有的费用在按照流程的前提下，小组织负责人签字即可报销。

其次，通过搭建持股平台，所有股东进行出资认购的形式，将公司全体员工牢牢地团结在一起。互相支持、互相协作，既彼此团结，又彼此竞争，最终都是为了一个共同的目标——持续盈利——而不懈奋斗。这再次完美体现了利他的精神。因为利他就是利己，彼此的利益已经完全融合在一起。

最后，学会坚强。在新冠疫情带来的行业危机之下，只有学会坚强，才有可能将危险化为发展的机遇。危机永远是强者的天堂，弱者的地狱。唯有自强者才能恒强。一个个体总是弱不禁风的，唯有团结协作才能抵御风雨、共同向前。也只有学会了管理，实现了自主经营、独立核算，才能达到利益共享、风险共担的彼岸。

在当前餐饮行业竞争日益激烈，发展形势十分严峻的大背景下，欣旺集团选择直视眼前巨大的困难，面对困难迎难而上，果断制定了自己的发展愿景，即目标计划不变、销售收入不变、企业利润不变、员工收入不变。向公司全体员工做出了自己的承诺，给他们吃了一颗定心丸，同时也为业界做出了表率。

本章思考

1. 欣旺集团阿米巴经营落地多年来,其成功的核心秘诀是什么?

_____
_____
_____

2. 如果您的企业计划导入阿米巴经营模式,那么您希望通过它带给企业哪些具体的改变呢?

_____
_____
_____

读书笔记

读书笔记

好书是俊杰之士的心血，智读汇为您精选上品好书

课程是企业传承经验的一种重要载体，本书以案例、工具指导企业如何萃取内部经验，形成独特的有价值的好课，以助力企业人才发展。

狮虎搏斗，揭示领导力与引导技术之间鲜为人知的秘密。9个关键时刻及大量热门引导工具，助你打造高效团队以达成共同目标。

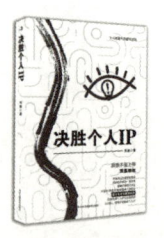

这本书系统地教会你如何打造个人IP，其实更是一本自我成长修炼的方法论。

"游戏化"新型管理模式，激活作为互联网"原住民"的95后职场人。本书是带新生代团队的制胜法则和指南。

本书作者洞察了销售力的7个方面，详实阐述了各种销售力要素，告诉你如何有效提升销售能力，并实现销售价值。

解锁股权合伙人95种实用实效激励模板、工具图表，剖析、点评股权合伙人60个实战案例。

企业经营的根本目的是健康可持续的盈利，本书从设计盈利目标等角度探讨利润管理的核心，帮助企业建立系统的利润管理框架体系。

目标引擎，是指制定目标后，由目标本身而引发的驱动力，包括制定目标背后的思考、目标落地与执行追踪。

本书分力量篇、实战篇、系统篇三部分。以4N绩效多年入企辅导案例为基础而成，对绩效增长具有极高的实战指导意义。

更多好书 >>

智读汇淘宝店　　智读汇微店

让我们一起读书吧，智读汇邀您呈现精彩好笔记

—智读汇一起读书俱乐部读书笔记征稿启事—

亲爱的书友：

感谢您对智读汇及智读汇·名师书苑签约作者的支持和鼓励，很高兴与您在书海中相遇。我们倡导学以致用、知行合一，特别打造一起读书，推出互联网时代学习与成长群。通过从读书到微课分享到线下课程与入企辅导等全方位、立体化的尊贵服务，助您突破阅读、卓越成长！

书 好书是俊杰之士的心血，智读汇为您精选上品好书。

课 首创图书售后服务，关注公众号、加入读者社群即可收听/收看作者精彩微课还有线上读书活动，聆听作者与书友互动分享。

社群 圣贤曰："物以类聚，人以群分。"这是购买、阅读好书的书友专享社群，以书会友，无限可能。

在此，我们诚挚地向您发出邀请：请您将本书的读书笔记发给我们。

同时，如果您还有珍藏的好书，并为之记录读书心得与感悟；如果你在阅读的旅程中也有一份感动与收获；如果您也和我们一样，与书为友、与书为伴……欢迎您和我们一起，为更多书友呈现精彩的读书笔记。

笔记要求：经管、社科或人文类图书原创读书笔记，字数2000字以上。

一起读书进社群、读书笔记投稿微信：15921181308

读书笔记被"智读汇"公众号选用即回馈精美图书1本（包邮）。

智读汇系列精品图书诚征优质书稿

智读汇云学习生态出版中心是以"内容+"为核心理念的教育图书出版和传播平台，与出版社及社会各界强强联手，整合一流的内容资源，多年来在业内享有良好的信誉和口碑。本出版中心是《培训》杂志理事单位，及众多培训机构、讲师平台、商会和行业协会图书出版支持单位。

向致力于为中国企业发展奉献智慧，提供培训与咨询的**培训师、咨询师**、优秀的创业型企业、企业家和社会各界名流诚征优质书稿和全媒体出版计划，同时承接讲师课程价值塑造及企业品牌形象的**视频微课、音像光盘、微电影、电视讲座、创业史纪录片、动画宣传**等。

出版咨询：13816981508，15921181308（兼微信）

● 更多精彩内容请登录 智读汇网：www.zduhui.com

— 智读汇书苑 105 —
关注回复105 **试读本** 抢先看